HISTOIRE NUMISMATIQUE

DE

HENRI V ET HENRI VI

ROIS D'ANGLETERRE

PENDANT QU'ILS ONT RÉGNÉ EN FRANCE

PAR

F. DE SAULCY

MEMBRE DE L'INSTITUT

PARIS

C.-L. VAN PETEGHEM, LIBRAIRE-ÉDITEUR

EXPERT EN MÉDAILLES

41, QUAI DES GRANDS-AUGUSTINS, 41

1878

MONNAIES FRAPPÉES EN FRANCE

PAR

HENRI V ET HENRI VI

ROIS D'ANGLETERRE

HISTOIRE NUMISMATIQUE

DE

HENRI V ET HENRI VI

ROIS D'ANGLETERRE

PENDANT QU'ILS ONT RÉGNÉ EN FRANCE

PAR

F. DE SAULCY

MEMBRE DE L'INSTITUT

PARIS

C. L. VAN PETEGHEM, LIBRAIRE-ÉDITEUR

EXPERT EN MÉDAILLES

41, QUAI DES GRANDS-AUGUSTINS, 41

—

1878

AVANT-PROPOS

Il est une suite monétaire qui intéresse directement, à la fois, l'Angleterre et la France. C'est celle des espèces émises par les rois Henri V et Henri VI, en Normandie d'abord, par droit de conquête, et, après le traité de Troyes et la mort de Charles VI, par le droit d'hérédité que le pauvre roi en démence avait laissé établir dans le contrat de mariage de Catherine de France, sa fille, avec le roi Henri V, au détriment de son propre fils, Charles VII.

Plusieurs fois déjà l'étude des monnaies anglo-françaises de ces deux princes a été abordée, mais incomplétement, parce qu'un nombre important de pièces n'avait pas été retrouvé. Plusieurs des lacunes étant comblées aujourd'hui, grâce à d'heureuses découvertes, j'ai entrepris à nouveau la classification des monnaies en question, et j'y ai joint un répertoire aussi complet que possible de documents monétaires inédits, que j'ai eu le bonheur de recueillir dans nos archives nationales et dans deux de nos grandes bibliothèques, la Bibliothèque nationale et celle de la Sorbonne.

Je crois avoir fait faire ainsi un grand pas à l'histoire des

1

ateliers monétaires qui ont fonctionné en France sous la suprématie des rois Henri V et Henri VI d'Angleterre. Je pense donc être en droit d'espérer que les numismatistes français et anglais accueilleront, sinon avec reconnaissance, du moins avec intérêt, le fruit de mes recherches.

Paris, le 21 octobre 1876.

F. DE SAULCY,
Membre de l'Institut.

HISTOIRE NUMISMATIQUE

DE

HENRI V ET HENRI VI

ROIS D'ANGLETERRE

PENDANT QU'ILS ONT RÉGNÉ EN FRANCE

L'infortuné roi Charles VI était en démence, et deux partis, celui de la reine Isabeau de Bavière et des Bourguignons, et celui du dauphin Charles et des Armagnacs, se disputaient la suprématie dans l'État. En 1415, le roi d'Angleterre, Henri V, fut appelé à son aide par le duc de Bourgogne, qui s'en était fait un redoutable allié ; e 12 août il mit à la voile et, partant de Southampton, il vint mettre e siége devant Harfleur. Le 14 octobre suivant se donnait la terrible bataille d'Azincourt, après laquelle Henri regagnait Calais et rentrait à Londres.

En 1418, Perrinet Le Clerc livrait Paris aux Bourguignons, qui ramenaient avec eux la reine Isabeau, et le massacre des Armagnacs commençait immédiatement. Le Dauphin, sauvé par Tanneguy du Châtel, put s'enfuir de Paris et se réfugier à Poitiers.

Henri V ne tarda pas à reparaître sur les côtes de France ; en 1417 il s'emparait de Caen, et en 1419 il achevait la conquête de la Normandie, par la prise de Rouen.

Le duc de Bourgogne, Jean Sans-Peur, périssait bientôt dans le guet-apens qui lui avait été tendu sous le prétexte d'une conférence avec le Dauphin. Tanneguy du Châtel égorgeait le duc Jean sur le pont de Montereau, et devant le dauphin Charles, qui ne fit rien pour empêcher ce grand crime de se consommer.

De ce moment les Bourguignons s'unirent ouvertement aux Anglais.

Le 21 mai 1420 fut signé le traité de Troyes, qui donnait au roi Henri V la main de Catherine de France, fille d'Isabeau de Bavière, avec la régence et l'hérédité de la couronne de France, au détriment du Dauphin.

Celui-ci ne cessait pas de défendre ses droits. Le 23 mars 1421 eut lieu la bataille de Beaugé, dans laquelle périt le duc de Clarence, frère du roi Henri V. Celui-ci ne perdit pas de temps pour venger son frère, et il fut bientôt maître de la France jusqu'à la Loire, à l'exception du Maine et de l'Anjou.

Henri V fit son entrée à Paris, avec sa femme Catherine et le fils nouveau-né qu'elle lui avait donné. Bientôt il se sentit malade et se fit transporter au château de Vincennes, où il mourut le 29 août 1422.

Charles VI, de l'avis de son conseil, donna aussitôt la tutelle de son petit-fils au duc de Bedford, frère de Henri V.

Le roi de France ne survécut que peu de temps à son gendre, et le 22 octobre 1422 il le suivit dans la tombe. Dès qu'il fut mort, l'enfant au berceau fut proclamé roi à Paris, sous le nom de Henri VI (12 novembre 1423). De son côté, le Dauphin fut reconnu roi par son parti, sous le nom de Charles VII.

Pendant les sept premières années du règne de Henri VI les Français furent constamment battus. En 1423 ils perdirent la bataille de Crevant-sur-Yonne; en 1424, celle de Verneuil; quatre ans après, fut commencé le siége d'Orléans, qui se répartit sur les années 1428 et 1429. C'est alors qu'intervint Jeanne d'Arc, qui réussit à faire lever le siége d'Orléans, le 8 mai 1429; puis vint la bataille de Patay, la prise d'Auxerre, et le sacre de Charles VII, dans la cathédrale de Reims, le 17 juillet 1429.

Le 24 mai 1430, Jeanne d'Arc tomba, à Compiègne, entre les mains des Anglais, qui la condamnèrent à mort et la brûlèrent vive à Rouen.

En 1435, le duc de Bourgogne se détacha du parti anglais et traita avec Charles VII. Peu de mois après, Paris ouvrit ses portes aux Français (nuit du vendredi 13 avril 1436, après Pâques, qui, cette année, tombait le 8 avril).

En 1445, Henri VI épousait Marguerite d'Anjou, fille de René, comte de Provence.

En 1449, Rouen et toute la Normandie furent repris aux Anglais; et après la bataille de Fourmigny, qui eut lieu le 15 avril 1450, il ne resta plus en leur possession que la Guyenne.

Dès le 23 juin 1451 cette province fut reconquise, et Charles VII fit son entrée triomphale à Bordeaux le 1) octobre 1450.

En 1453, Henri VI perdit tout à coup la raison, la mémoire et l'usage de ses membres, et le 2 juin 1461, du vivant même de Henri VI, Edouard IV fut couronné roi d'Angleterre. En 1470, Henri VI remonta sur le trône, et le 22 mai de l'année suivante il mourut.

Charles VII était mort le 22 juillet 1461.

Le 8 mai 1419 parut une ordonnance de Henri V, adressée aux baillis d'Evreux, de Gisors, de Caux, de Rouen, de Caen, de Cotentin et d'Alençon, et réglant ainsi qu'il suit le prix des monnaies françaises admises à courir en Normandie :

C'étaient le grand blanc de Charles VI à un écu à trois fleurs de lis ;

Le grand blanc de Bourgogne ;

Le grand blanc de Bretagne, à neuf hermines, et les petits blancs de ces trois espèces.

Le blanc de France devait courir pour deux blancs, et le petit blanc de France, pour un blanc.

Le même prix était attribué aux deux espèces analogues de Bourgogne.

Le grand blanc de Bretagne devait courir pour huit deniers tournois, et le petit blanc pour quatre deniers tournois.

Mais ces différentes monnaies devaient être de bon titre et de bon poids.

Cette ordonnance est datée du château de Vernon-sur-Seine.

Archives de la Tour de Londres, *Patentes Normannie*, 50.

Le 25 septembre de la même année 1419, parut une nouvelle ordonnance, datée du château de Gisors, et conçue en ces termes :

« Henri, à tous, etc. — Salut.

« Comme après nostre joieuse conqueste et entrée faicte en nostre ville de Rouen nous eussions ordonné et comandé que l'on fist faire, à nostre monnoye de Rouen, or et argent monnoyés en petit moutons et gros, par la forme et maniere que ils estoient a devant de nostre dicte conqueste et entrée, tant en loy qu en poys, sans diminution ne accroissement faicts sur ce, et semblablement sans amenuiser le droict de nostre seigneur, sauf les differences qui par nous furent lors ordonnées y mettre, » etc.

Pour l'avenir : « en toutes nos monnoyes que l'en fera pour le temps advenir, tous moutons d'or, gros, demys gros, quarts de gros d'argent, mansoys et petits deniers, que en yceulx soit mis dedens la grant croix, en millieu d'icelle, un **H** au plus juste que faire se pourra, avec les différences que par nous autresfois ont esté ordonnées à faire.

. . . .

« Item que l'on face doresenavant quars de gros qui aront cours pour 5 d. tournois la pieche, à **2** d. 16 grains, argent le roy, et de **13** sols **4** deniers de poys au marc, qui est à l'équipolent des gros à trois fleurs de lis, et aura dedans yceulx quars de gros, en la pille, un escu à trois fleurs de lis et aux demy gros semblablement.

« Item que l'en fasse doubles nommés mançoys, qui arront cours pour **2** deniers tournois la pieche, à **1** d. 8 grains, argent le roy, et de 16 sols 8 deniers de poys au marc, où il aura trois fleurs de lis en la pille.

« Item, que l'on face petits deniers qui aront cours pour **1** denier tournois la pieche, à ung denier de loy, argent le roy, et de 25 sols de pois au marc, ès quelx aura, en la pille, deux fleurs de lis, » etc.

Archives de la Tour de Londres, *Pat. Normann.*, *anni septimi Henrici V*, *parte 1ª*, *membrana* 19, *dorso*. — Rymer, *Fœdera, conventiones*, etc. (édition de 1729) tome IX, page 798. — *Revue numismatique française*, 1846, pag. 225 à 228, pièce II.

Le quart de gros de 5 deniers tournois devait être taillé de 160 au marc, par conséquent le gros devait être de 40 au marc, et le demi-gros, de 80 au marc.

Le mansois de 2 deniers tournois devait être taillé de 200 au marc.

Le denier tournois devait être taillé de 300 au marc.

Le marc pesant 260 gr. 044,

Le demi-gros devait peser........	3 gr.	2505,
Le quart de gros................	1	6252,
Le mansois....................	1	3002,
Le denier tournois..............	0	8668.

La même ordonnance dit :

1° Que le noble d'or anglais aura cours « pour 48 gros de nostre monnoye, esquelx gros est escript **HENRICVS**, en la pille, et devers la croix, un liepart, qui valent 4 francs ».

2° « Que les petits moutons qui ont cours à présent pour 12 gros, aient cours et soient prins pour 18 gros de nostre monnoye dessus dicte, qui valent 30 sols tournois, et demourront les moutons dessus dicts de pois et loy, en la fourme et maniere qu'ils sont de present, lesquelx sont à 22 caras et 96 au marc de Troyes, aux remedes accoustumés. »

3° Les nobles d'or auront cours pour « 60 gros de Karolus qui vallent 100 sols tournois ».

Suit la défense habituelle d'exporter le billon, et l'ordre de l'apporter à la monnaie de Rouen.

Nota. Le mouton d'or de 96 au marc devait peser 2 gram. 7087.

L'exécutoire de cette ordonnance est daté du même jour, 25 septembre 1419 ; il se trouve aux archives de la Tour de Londres (*membrana* 50, *dorso*). — *Revue numismatique française*, 1846, pièce III, p. 228 et 229.

Le même jour furent adressées à Jehan Bourdon et Robin de Boysmare, gardes de la monnaie de Rouen, des lettres patentes leur enjoignant de forcer les ouvriers et monnayeurs à travailler.

Arch. de la Tour de Londres.

Le même jour fut adressé à Jaquet Chinant, maître particulier de la monnaie de Rouen, l'ordre de payer sur les deniers de son compte, à Robin de Boysmare, garde de la monnaie, à Guillaume Vimbert, contre-garde, à Jehan le Roux, Jehan Noel et Godin du Roume, changeurs de Rouen, pour indemnité de voyage de Rouen à Gisors et retour, et de séjour à Gisors, où ils ont été appelés pour le fait des monnaies, à chacun pour chaque jour de déplacement 20 sols t., le nombre total de ces jours de déplacement étant de dix, ce qui fera pour chacun d'eux 200 sols.

Archives de la Tour de Londres.

Toujours à la même date, des lettres patentes adressées au bailli de Rouen, et à tous autres justiciers et officiers, et à leurs lieutenants, leur notifient le cours des monnaies ordonnées le même jour.

Ibidem.

Le 12 janvier 1419 des lettres patentes furent adressées à Jehan Bourdon et Robert de Boysmaire, gardes de la monnaie de Rouen, leur enjoignant « pour obvier à l'apport en Normandie » des monnaies françaises d'or et d'argent, « lesquelles sont moult foibles, tant en poys comme en loy », de faire frapper à Rouen « des gros qui aront cours pour 20 d. t. la pieche, à 3 d. 8 gr. argent le Roy et de 6 s. 8 d. de poys au marc, et que en yceulx gros ait en la pille trois fleurs de lis et dessus une couronne, et à costé d'icelles fleurs de lis deux lieppars, lesqueulx tiendront icelles trois fleurs de lis, et en l'escripture d'autour ara escript **HENRICVS FRANCORVM REX**, et en parmy de la grand croix est un **H**, tout au plus juste que faire se pourra, avec les differences qui autreffois ont esté faites ès groz devant faiz, et en l'escripture d'icelle grand croix soit escript : **SIT NOMEN DNI BENEDICTV**, » etc.

«Item et aussy vous mandons que vous faices faire petit fleurins d'or nonnés escus, à 22 karras, et de iiii ××xvj au marc, lesquelx aront cours pour 24 réaulx qui valent 2 frans, esquelx escus ara en là pille un escu de nos plaines armes, escartelées de France et d'Angleterre, et en l'escripture d'entour ara escript : **HENRICVS DEI GRA·FRANCIE· ET ANGLIE**, et devers la grand croix ara en parmy d'icelle, au plus juste que faire se pourra, un **H**, et entour les fleurons dicelle croix deux lieppars et deux fleurs de lis, et en l'escripture d'entour ara escript **XPC·VINCIT XPC·REGNAT·XPC·IMPERAT**, » etc.

Arch. de la Tour de Londres, *Rotuli normannie, anno 7 Henrici V, parte 2ᵉ, membrana* 50, *dorso.* — Rymer, t. IX, 847. — *Rev. num. fr.,* 1846, pièce IV, p. 229 à 231.

Le 1ᵉʳ février 1419 parut une ordonnance du roi Henri V, ainsi conçue:

« Henry, etc., à tous, salut. Savoir faisons, come en notre joieuse conqueste et entrée faite en notre ville de Rouen et païs de Normandie, et affin de garder le prouffit de nous et de notre peuple, et ycelui entretenir en paix, nous eussions ordonné et commandé, par bonne et meure deliberacion du conseil, faire en nre monᵉ audit lieu de Rouen, et en noz autres mônᵉˢ de notre dit païs de Normandie, gros nommés royaulx, de 20 d. tournois pieche, tout par la forme et maniere que l'en les faisoit au paravant de nôstre conqueste et entrée, tant en poys que en loy, sans diminuçion ne accressement faicts sur ce, et depuis y aions faict faire et mettre une peiite difference ou enseigne ès coings, et il nous avisy (*sic*) que pour ce que naguère il estoit et anquorre est venu à nre congnoissance que en nre dicte ville et païs de Normendie et ailleurs en nre obeissance, ont esté apportés grant quantité de monnoyes, en gros de plousours païs non suggez et obeyissans à nous, tant des parties de France, de Bretaigne que d'ailleurs, lesquelx groz sont de semblables coings ou environ que ceulx que l'en faisoit en nred. ville de Rouen, au devant de nred. entrée et conqueste, maiz sont de moindre pois et loy que ceulx que nous faisons faire, et soubz umbre de ce qu'ilz estoient et sont presque semblables, ont eu et ont cours en nred. païs, et par ce ont acreu (?) et emporté nred. monnoye, ceulx qui ainsy ont apporté yceulx autres gros, en quoy nous et nre peuple avons esté et sommes grandement deceus, nous, pour obvier ad ce, y ayons ordonné par nos lettres patentes, faire gros de 20 d. t⁴ pieche, esquelx aura en la pille 3 fleurs de lis, et és costés 2 liepars tenant icelles 3 fleurs de lis, et, au costé de la croix, en parmy d'icelle, un H, avec certaines differences, et aussi quars de gros, mansois et petits deniers, selon leur cours, sur ce par nous ordonnez, savoir faisons que incontinent, en conformation de nostre desraine ordonnance, et pour certaines causes ad ce nous mouvans, par l'advis et deliberacion de nostre grant conseil, nous avons voulu et ordonné, voullons et ordonnons par ces presentes, nostre dicte monoye de groz, quars de groz, mansois et deniers, par nous desrenement ordonnés estre faiz, avoir cours par tout nostre dit païs et lieux submis et suggez à nous, et mesmes nos aultres monnoyes faictes au precedent, marquées ou faictes selon noz coings autrefoys faiz, nous voullons autre monnoye de groz ne aultres d'argent, faictes d'autres coings que les noz, n'avoir cours ne estre prinses par nos suggez, depuis le premier jour de may prochain venant, dedens lequel temps nous avons donné congié, et donnons par ces presentes, à ceulx qui auront d'icelles monnoyes non faictes en nos coings, d'eulx en delivrer et mettre où ilz verront que bon sera, et ycelui jour nous deffendons ycelle monnoye estre mise ou avoir cours, sur payne de forfaicture, etc.

« Donné à nostre chastel de Rouen. »

Arch. de la Tour de Londres, *membr. 24, dorso.* — Rymer, t. IX, 860. — Ord. XI, 116. — *Rev. num. fr.*, 1846, pièce VI, 232 à 234.

Le 14 avril 1420 sont nommés Jehan de Chou, tailleur, Perrin Pelagin, essayeur, et Colin Boutebost, garde de « nostre monnoie, par nous ordonnée en nostre bonne ville de Saint-Lô ». Les lettres qui les nomment sont datées du château de Rouen.

Ibidem.

Le 18 avril 1420, ordre daté du château de Rouen, adressé au garde de la monnaie de Saint-Lô, de faire ouvrer des gros ayant cours pour 20 d. t., à 3 d. 8 gr. de loi, et de 6 s. 8 d. de poids, « et que en yceulx gros ait en la pille trois seulles fleurs de liz, et dessus

une couronne, et au costé d'icelles fleurs de liz deux liepards, lesquelx tiendront icelles trois fleurs de liz ; en l'inscription d'autour aura
escript : HENRICVS FRANCORVM REX, et en parmy de la grand
croix ait un H, tout au plus juste que faire se pourra, et avec ce faites
faire pour difference, soubz la 2ᵉ lettre du commencement de l'inscription, tant devers la croix que devers la pille, ung petit point, et en
l'escripture d'autour d'icelle grand croix, soit escript : SIT NOMEN
DOMIИI BENEDICTVM, » etc.

Archives de la Tour de Londres, *membrana* 10, *dorso*. — Recueil
des ordonnances des rois de France, XI, 91. — Rymer, IX, 888. —
Rev. num. fr., 1846, 236 et 237, pièce IX.

Ce gros étant de 6 s. 8 d. de poids au marc, était taillé de 80 audit marc ; il devait donc peser 3,2505.

Le même 18 avril 1420 des lettres patentes donnaient à bail pour
un an la monnaie de Saint-Lô à Jehan Marceur, « à prendre et à
commencer icelui an, après le moys de sa première delivrance, qui
sont XIII moys. »

Il est dit dans le bail qu'il frappera des « groz qui auront cours
pour 20 d. t. la pieche, à 3 d. 8 g. argent le roy, et de 6 s. 8 d. au
marc, » etc.

Archives de la Tour de Londres, *membrana* 10, *dorso*. — *Rev.
num. fr.*, 1846, p. 235 et 236, pièce VIII.

Le même jour, le roi pourvoyait au manque d'ouvriers et de monnoyers à Saint-Lô, en autorisant les gardes à en recruter dans toute
la Normandie, et même à Rouen, pourvu que le service restât assuré
dans cet atelier.

Arch. de la Tour de Londres, *ibidem*. — *Rev. num. fr.*, 1846,
234 et 235, pièce VII.

Le 6 mai 1420 fut signifiée aux gardes de la monnaie de Rouen une
nouvelle ordonnance du roi, leur annonçant que, suivant l'avis de son
grand conseil, il avait décidé de faire frapper dans toutes ses monnaies, et pour l'avenir, une monnaie d'or fin, à un quart de karat
de remède, de 66 au marc et qui aurait cours pour 22 s. 6 d. tournois,
« desquelx deniers d'or nous vous envoyrons la fourme et le nom
que nous vouldrons comment ilz soient nommés, avecques les estallons. »

« Item deniers blancs d'argent appellés gros, qui auront cours pour

20 d. t. piece, à 11 d. 12 gr. de loy A. R., et de 7 s. 2 d. et 1/4 de denier de poys aud. marc, sur le pied de monnoie 36°, et demys gros sur ledit pied et à lad. loy, et de 14 s. 4 d. 1/2 de poys audit marc, qui auront cours pour 10 d. t. la piece, desquelx gros et demy gros nous vous envoyons les fourmes, avecque les estallons cy dedans enclos, et ne seront point blanchiz yceulx deniers d'argent, mais seront monnoyés tieulx comme ils vendront de la main des ouvriers, » etc.

« Et aussi avons ordonné estre faictes plusieurs monnoyes blanches et noires, dont à present nous ne vous envoyons pas les fourmes,» etc.

Suit l'ordre de faire incontinent l'inventaire de tout le billon d'or et d'argent présent à la monnaie, de clore toutes les boîtes et de ne plus laisser ouvrer sur les fers jusqu'alors en usage ; ces fers, mis hors de service, seront rompus ; — « et faites ouvrer en nostre dicte monnoye lesdis gros et demy gros comme est escript, assavoir les deux pars de gros et le tiers de demy gros à l'équipollent de l'ouvraige, et faictes mettre pour difference, en chacune d'icelles monnoyes d'or et d'argent, tant devers la croix comme devers la pille, soubz la premiere lettre ung petit point, » etc.

Dans l'ampliation adressée à la monnaie de Saint-Lô, il est dit que le roi y envoie Jehan le Roux « pour gouverner (la monnaie) pour nous et en nostre nom » ;—puis : « et faictes mettre pour difference en chacune d'icelles monnoyes d'or et d'argent, tant devers la croix que devers la pille, soubz la seconde lettre ung petit point. » — L'envoi de deux piles et quatre trousseaux pour les gros et demi-gros est annoncé.

Il y est dit : « est venu aujourdui par devers nous Jehan Marcel, lequel à nous a pris ladite monnoye de Saint-Lô pour et en nom de Thevenin Marcel, son frère, » etc.

Enfin, il y est ordonné de mettre en botte un denier d'or par onze marcs de deniers d'or délivrés (c'est-à-dire pour 726 pièces), « et de l'argent tant blanc que noir ainsi qu'il est acoustumé. »

Ibidem.

Le 2 juin 1420 furent donnés au trésorier général de Normandie les pouvoirs nécessaires pour organiser la monnaie de Saint-Lô.

En même temps il était ordonné d'apporter au château de Caen les caisses contenant les monnaies nouvelles qui seraient fabriquées, et qui resteraient là en dépôt, jusqu'à nouvel ordre, dûment munies du sceau du maître et des gardes de la monnaie de Saint-Lô.

Archives de la Tour de Londres, *membrana* 32, dorso. — *Revue num. fr.*, 1846, pièce XII, 241 et 242.

Voyons maintenant ce que devaient peser les monnaies ordonnées le 6 mai 1420.

La pièce d'or de 66 au marc pesait 3,94.

Le gros d'argent, sur le pied de monnaie 30°, étant de 7 s. 2 d. 1/4 de poids, soit 86 et 1/4 au marc, devait peser 3 gr. 0138.

Le demi-gros correspondant étant au même titre, était taillé de 14 s. 4 d. 1/2 au marc, soit 172 1/2 au marc; il pesait par conséquent 1 g. 51.

Le 16 juin 1420, parut une nouvelle ordonnance, dont le protocole est ainsi conçu :

« Henry, par la grâce de Dieu, roy d'Engleterre, heritier et regent du royaulme de France, et seigneur d'Irland, aux gardes de nostre monnoye faicte et forgée en nostre cité et bonne ville de Rouen, salut. »

Elle prescrit la fabrication « de blancs deniers appellez gros », ayant cours pour 20 d. t° la pièce à 2 d. 12 gr. de loi argent le roi et de 8 s. 4 d. de poids au marc (100 pièces) sur le pied de monnaie 160°, « semblables de forme à ceulx que nous faisons de present faire en nostre dicte monnoye, excepté qu'il y aura escript devers la pille, au lieu de HENRICVS FRANCORVM REX, H. REX ANGLIE ET HERES FRANCIE, aux remedes tels que on fait de present en la monnoye de Paris, » etc.

« Donné à Bray-sur-Seine, le 16° jour de juing. »

Des lettres semblables sont adressées aux gardes de la monnaie de Saint-Lô.

Arch. de la Tour de Londres, *membrana* 29, *dorso*. — Rymer, t. IX, p. 920. — Ord. XI, 91. — *Rev. num. fr.*, 1846, pièce X, 237-38.

A la même date, lettres patentes aux gardes de la monnaie de Rouen, leur mandant de bailler la monnaie de cette ville à Jehan le Roux, pour un an, à commencer du jour de sa première délivrance, et fixant le taux de son brassage.

Des lettres semblables sont adressées à Jehan Marcel, maître particulier de la monnaie de Saint-Lô.

Ce nouveau gros de 20 d. t., de 100 au marc, devra donc peser 2 gr. 6004.

Arch. de la Tour de Londres, *membrana* 29, *dorso*.

L'auteur du journal de la vie de Charles VI (Pierre de Fenin, p. 495) dit que le «roy Henry fit frapper une petite monnoye qu'on nommoit doubles, qui valoit 3 mailles. En commun langage on les appeloit niquetz. Il ne couroit autre monnoye pour lors, et quand on en avoit pour 100 florins, c'estoit la charge d'un homme. C'estoit bonne monnoye pour son prix; outre fit forger blancs doubles. »

Leblanc, p. 243.

Le 20 août 1420, furent nommés généraux maîtres des monnaies, aux gages de 200 liv. t. par an, Guillaume Vintbert, dit Pinquecongne, changeur et bourgeois de Rouen, et Jehan le Gouppil. Ces lettres sont datées de Moronval, près Dreux.

Arch. de la Tour de Londres, *membr.* 28, *dorso.*

Le 20 novembre 1421, nouvelles lettres patentes adressées au bailli de Rouen. Le roi y dit que « sur l'advis et deliberacion de plusieurs de notre sanc et lignaige, et gens de nostre grant conseil, eussions conclu et ordonné, entre aultres mesures, à la requeste et supplicacion des gens des trois Estas de nostre païs et duchie, lors par nous mandés et assemblés à Rouen par devant nous, que nous ferions forger certaine bonne monnoye au pois et loy desclairé et exprimé en la presence desdis trois Estas...

«Eussions fait forger en certains lieux de nostredite duchie, grant quantité de fine monnoye, qui devoit avoir cours pour 20 d. tournois piece, et il soit ainsy que d'icelle monnoye n'ayons encore voullu estre donné aucun cours, pour les grandes fraudes, mauvaisies et deceptions que cellui qui se dit Daulphin, et ceulx de sa partie, ennemis de nostre tres cher pere de France et de nous, y avoient commenché à faire, qui faisoient forger aux armes de nostre tres cher pere de France, gros de tres petitte valleur, en intencion de tirer et atraire par devers eulx les bons gros que faisoit faire notre dit beau pere et nous, pour eulx enrichir de nostre bonne monnoye, et apauvrir noz subgez de la leur mauvaise, si nostre dicte monnoye fust encore à la fourme que l'avions ordonnée ; maiz pour obvier par le present à leur malice et pourveoir neanmoins à la chose publicque de notre pays de Normandie et conqueste, de monnoyes de pareille valeur, sur icelui mesme pié, et à l'équipollent de la monnoye susdite, avons nouvellement, par grant advis et meure deliberacion, ordonné estre fait en noz monnoyes, plusieurs sommes de deniers tant d'or que d'argent, c'est assavoir : deniers d'or fin appellez salus, qui auront cours pour 25 sols tournois la piece, demis salus qui auront cours pour 12 s. 6 d. tª la piece, deniers blancs appellez doubles, qui auront cours pour 2 d. tª la piece, et petitz deniers blancs qui auront cours pour 1 denier tª la piece, et avec ce avons ordonné et ordonnons que les escus d'or que doresenavant notre dit beau pere a fait faire et forger en ses monnoyes, auront cours pour 22 s. 6 d. tª la piece, et les moutons derrainement faiz es monnoyes de nostredict beau pere et notres, pour 15 s. tª la piece, et les nobles d'or que faisons faire en nostre pays d'Angleterre, auront cours pour 45 s. tª la piece, les demis nobles pour 22 s. 6 d. tª la piece, et les quars de nobles pour 11 s. 3 d. tª, et les gros qui ont esté faiz es monnoyes de l'obeissance de nostre beau pere et de nous, et qui jà longuement sont en cours pour 20 d. tª la piece, et qui depuis peu de temps en çà ont esté ravallez à 5 d. tª [1], n'auront cours, à compter du jour de la publication de ces presentes, que pour 2 deniers et maille tª la piece, » etc.

Archives de la Tour de Londres, *membrana* 17, *dorso*. — *Rev. num. fr.*, 1846, pièce XIII, p. 242 à 245.

Des lettres semblables furent adressées à tous les baillis de Normandie.

Le 20 juillet 1422, le roi, pour activer l'ouvrage des monnaies, autorisa ses généraux maîtres à créer douze nouveaux monnayers du serment de France.

Arch. de la Tour de Londres, *membr.* 12, *dorso*. — *Rev. num. fr.*, 1846, pièce XIV, 245 et 246.

Le 29 août 1422, Henri V mourut au château de Vincennes.

Le 22 octobre de la même année, Charles VI mourut, et en vertu des clauses contenues au contrat de mariage de Henri V avec Catherine de France, Henri VI, âgé d'un an environ, fut proclamé roi à Paris, sous la tutelle des ducs de Bedfort et de Glocester.

Le jeudi 22 octobre 1422 « fut assemblé au palais, en la chambre du conseil, M. le grand chancelier de France avec le conseil du roy, auquel lieu les généraux maîtres des monnoyes demandèrent si, à cause de ce que le roy estoit allé de vie à trespassement, on cesseroit l'ouvraige en la monnoye de Paris, ausquels fut dit qu'on fît ouvrer come on avoit acoustumé de faire ».

Registre de la bibl. de la Sorbonne H, 1, 9, n° 174, 132 v°.

1. Par ordonnance royale du 26 juin 1421.

« Le 2e jour de novembre l'an 1422, par mandement desdits sgrs regents, au nom dudit sgr roy d'Angleterre, soy intitullant roy de France et d'Angleterre, feust ordonné ce qui ensuyt :

« Que dud. jour en avant on scelleroit au nom et armes dud. sieur roy Henry, et qu'il seroit mis à la datte des lettres : année 1re de son reigne, et que en attendant que son grand scel fust faict, seroit scellé soubz le scel du chastellet de Paris.

« Que les monnoyes qui de lors en avant seroient forgées, tant en la monnoye de Paris, pays de Normandie, que autres qu'il occuppoit, seroient caratcrées à ses coings et armes, et à ceste fin feust par les regents dud. sieur roy mandé aux officiers des monnoyes les caracteres cy après designez et portraictz, sur lesquelz ils entendoient les ouvraiges desd. monnoyes estre faictz.

« Que semblablement les arrestz qui seroient donnés ès cours souveraines, seroient intitullez au nom dud. sieur roy Henry, roy de France et d'Angleterre.

« Et à ceste fin, le 10e jour des mois et an susdits, fut ouverte sadite court de Parlement à Paris. »

Bibl. nationale, ms. fr. 5524, fo 123, ro et vo.

Le 23 novembre 1422 parut une ordonnance royale, dont le protocole est ainsi conçu :

« Henry, par la grâce de Dieu, roy de France et d'Angleterre, à noz amez et feaulx les generaulx maistres de noz monnoyes. Par l'advis et deliberacion de nostre tres chier et tres amé oncle regent nostredit royaume de France, duc de Bedford, et de notre grant conseil, pour ce que en nostre royaume de France, n'a de present monnoye blanche de plus grand prix que de 2 d. ts la piece, — avons deliberé de faire faire et ouvrer en nos monnoyes, blancs deniers aians cours pour 10 d. ts la piece, à 5 d. de loy argent le roy, et de 6 s. 3 deniers de poids au marc de Paris, sur le pied de monnaie 30e, sur lequel on a ouvré avant ceste presente ordonnance, en chascun desquelx deniers, du co-té de la pille, seront deux escus, l'un de nos armes de France et l'autre de nos armes d'Angleterre, sur lesquels sera escript : Henricus, et au dessous de la croix pareillement Henricus; donnant aux changeurs pour chacun marc aloyé à cette loy, 6 livr. s 15 sols ts, et en mettant en icelles monnoyes telles differences comme bon vous semblera, » etc.

Archives nationales, registre Z, 1a 58, fo 172 to. — Registre de la bibl. de la Sorbonne II, 1, 9, nos 174, 193 ro — Ord. XIII, 7.

Du 23 novembre 1422 au 4 juin 1423 :

« Fiebant albi denarii ad duo scuta, unum ad arma Franciæ et aliud ad arma Angliæ, cursùs 10 d. t⁸, à 5 d. legis, ponderis 6 s. 3 d. » (75 pièces au marc).

Petit cahier inséré au registre de la bibl. de la Sorbonne H, 1, 11, n° 166 *bis*. — Reproduit dans le manuscrit de Poullain (p. 13 à 24), conservé aux archives de la Monnaie de Paris.

Leblanc place fautivement le blanc de 75 au marc et à 5 d. de loi au 12 octobre 1422, puisque l'ordonnance qui l'a créé est du 23 novembre seulement.

Le manuscrit de la Bibliothèque nationale, ms. fr., 5524, 124 r°, nous donne le texte suivant :

« Le vingt-troisième jour de novembre 1422, par mendement du Roy Henry, donné à Paris, fut faict l'ouvraige qui ensuyt.

« Blancs deniers à 5 d. argent le Roy, de 2 d. 13 grains de poix pièce, au fur de 75 pièces de poix au marc, ayant cours pour 10 d. t⁸ pièce.

« Blancs deniers à 5 d. de loy argent le Roy, de 1 d. 6 grains de poix, au fur de sept vingts dix pièces au marc (150), ayants cours pour 5 deniers tournois pièce.

« Marc d'argent alloyé à lad. loy, 6 Lb. 15 s. t₈.

« Le Roy tiroit pour marc 150 solz tournois. »

Ce qui revient à dire que la monnaie en question était sur le pied 30⁸.

Le blanc de 10 d. t⁸, de 75 au marc, pesait 3 gr. 4673.

Le blanc de 5 d. t⁸, de 150 au marc, pesait 1 gr. 7336.

Le vendredi 27 novembre 1422 :

« En la chambre des monnoyes où estoient sires Jehan de Precy, Jehan Guerin, et Jehan de Saint-Yon, conseillers du Roy, notre sire; Jehan Trotet, Mace de Valenciennes et Mᵉ Robert Gaultier, généraux maîtres des monnoyes, en la présence desquels furent présents Augustin Ysbarre, Regnault Tumery, Jacquet Trotet, Alexandre des Mares, Pierre dit Audos, Engarrin (Enguerrand) Tumery, changeurs sur le Pont de Paris, ausquels fut signifié que le Roy avoit ordonné faire, en sa monnoye, des blancs de 10 d. tᵉ la pièce, à 5 d. de loy argent le Roy, et de 6 s. 3 d. de poids (75 pièces) sur lo pié de monnoye 30⁸, et que toutes les monnoyes estoient à bailler. »

Bibl. de la Sorbonne, reg. H, 1, 9, n° 174, f° 5 r°.

A Paris, décembre 1422. Signé : J. Greslé.

Lettres de création de Pierre le Clerc, « monoier en la monnoie de Paris. A cause du joieux advenement à la couronne de France, par droit royal, compete créer un monnoyer en la monnoie de Paris, en considération des bons, grands, notables services qu'il a faits au temps passé, à feu de bonne memoire notre tres cher seigneur et ayeul, le Roy Charles derrenierement trespassé, et à nous de present, tant en la garde de notre dite bonne ville de Paris, comme autrement fit en maintes et diverses manieres. »

Reg. de la Sorb. H, 1, 13, n° 173, f° 16 r°.

Ce Pierre le Clerc n'est autre que le trop fameux Perrinet le Clerc qui en 1418 livra les portes de Paris aux Bourguignons et à la reine Isabeau, dans la nuit où les Armagnacs furent massacrés, et où le dauphin Charles s'enfuit avec Tanneguy du Châtel.

Le vendredi 11 décembre 1422, les généraux maîtres décidèrent qu'à l'avenir on mettrait en boîte un denier d'or sur 200, et un denier de monnaie blanche ou noire sur 60 sols, c'est-à-dire sur 720 pièces.

Arch. nat., reg. Z, 1ᴮ,58. — Sorb., H, 1,9, n° 174, 132 v°.

Le 12 décembre 1422, « fut délibéré au comptouer en la chambre des monnoies, que ès blancs deniers aians cours pour 10 deniers tⁱ la piece, à 5 d. de loy argent le Roy, et de 6 s. 3 d. de pois au marc, qui seront faiz en la monnoie de Paris, sera mis pour differance, au commencement de la lettre qui est autour du denier, tant devant la croix comme devers la pille, une coronne, en lieu de une petite croisette qu'on a acoustumé y mettre.

« Et semblablement sera mis pour differance ès diz blancs deniers faiz en la monnoie de Tournay, au commencement de la lettre, une petite tour.

(*Nota.* Tournay, s'étant refusé à reconnaître l'autorité du roi d'Angleterre Henri VI, n'a jamais frappé de blancs au nom de ce prince ; il serait donc inutile de les chercher.)

« Ès blans deniers faiz en la monnoie d'Arras, sera mis pour differance, au commencement de la lettre, comme est une lozenge.

« Ès blans deniers faiz en la monnoie de Saint-Quentin, sera mis une molette.

« Ès blans denier faiz en la monnoie de Chaalons, seras mis pour differance ung croissant.

« Ès deniers blans faiz en la monnoie de Troyes, sera mis pour differance une rosette.

3

« Ès blans deniers faiz en la monnoie de Mascon, sera mis pour dif-ferance ung treffle.

« Ès deniers blans faiz en la monnoie de Nevers, sera mis pour diffe-rance une estoille.

« Ès deniers blans faiz en la monnoie d'Aucerre, sera mis pour differance ung fer de molin.

« Ès deniers blans faiz en la monnoie de Dijon, sera mis pour diffe-rance ung petit soleil. »

Archives nationales, registre dit : entre 2 ais, f° 159 r° [1].

Le 14 décembre 1422 fut rédigé l'exécutoire de l'ordonnance du 23 novembre 1422, adressé aux gardes des monnaies. Les lettres pour Tournay et Arras, confiées à Robert Auvert, garde de la monnaie d'Arras, partirent le 14. Le même jour furent envoyées celles de Saint-Quentin. Le 18 décembre furent expédiées les lettres de Troyes, Châlous, Auxerre et Mâcon, et enfin le 6 janvier celles de Nevers.

Il n'est pas question de celles destinées à l'atelier monétaire de Dijon.

Archives nationales, reg. Z, 1ᴮ, 58, f° 172, r° et v°. — Sorbonne, reg. H, 1, 9, n° 174, f° 193, r°.

Le 28 janvier 1422, une ordonnance royale donne cours, en Normandie, aux deniers blancs de 10 d. tˢ, aux doubles tournois, aux petits deniers tournois et aux mailles tˢ récemment frappés.

Arch. nat., reg. Z, 1ᴰ, 58, f° 172 v° et 173 r°. — Ord. XIII, 15.

La veille (27 janvier 1422) avait paru une ordonnance, adressée au prévôt de Paris et dans laquelle il était dit que son très-cher seigneur et aïeul avait fait frapper des saluts de 25 s. tˢ la pièce, des doubles tournois blancs et des petits deniers tournois blancs.

Qu'il « est venu à la congnoissance des gens de notre conseil, que Charles, notre adversaire, a fait et fait faire ès monnoies des villes à lui obéissans, deniers d'or appellez escuz et petit moutons, lesquels sont de 19 à 20 karats de loy, et doubles deniers tournois blancs, faulx et mauvais, qui ne sont pas de tel prix et valleur, à plus de

---

1. Le manuscrit français n° 5920 de la Bibliothèque nationale nous fournit la liste suivante de ces différents : « Cy ensuit les marques des salus d'or et des blancs de 10 deniers, aux armes de France et d'Angleterre : Paris, la couronne; Rouen, le léopard; Saint-Lô, la fleur de lis; Arras, ung treffle (c'est en réalité le différent de Mâcon); Amiens, ung mouton; Troies, une rosette; Challon, un croissant; Tournay, une tour; Ausserre, ung fer de moulin; Le Mans, une rachine; Dijon, une véronicle. »

moitié près, que ceux que notre dit très-cher seigneur et ayeul a
fait faire derrenier, toutes lesquelles monnoies il a fait faire semblables, de forme et façon, aux escuz, moutons et doubles deniers
tournois qui de présent ont cours en notre dit royaume de France,
etc.

« Défense absolue de prendre ni mettre, pour quelque prix que ce
soit, aucune desdites monnoies d'or ou d'argent, faictes ès villes à
nous non obéissans, et ès mains de notredict adversaire, sur peine de
perdre toutes icelles monnoies que l'on trouvera estre prises ou
mises, et d'amende à notre voulenté », etc.

Archives nat., reg. Z, 1ᴮ , 58, 173 rᵒ et vᵒ. — Ord. XIII, 14.

Le 6 février 1422 parut l'ordonnance suivante : « Henry, etc., avons
ordonné et ordonnons faire faire et ouvrer, en noz monnoies, deniers
d'or fin nommés saluz, à 24 carraz, à 1/4 de carrat de remède et de
63 deniers de pois au marc de Paris, de la forme et façon derrenier
ordonnés au tailleur de notre monnoie de Paris, par notre dit oncle
(le duc de Bedford)... et en mettant à iceulx deniers d'or telle différance comme bon vous semblera ; pourquoy nous vous mandons,
commandons et expressément enjoignons, par ces présentes, que tout
le plus brief que faire se pourra, vous faictes faire et ouvrer en nos
dites monnoies lesdits deniers d'or, de loy et de pois dessus dits, » etc.

Arch. nat., reg. Z, 1ᴮ , 58, 173 vᵒ. — Ord. XIII, 22.

Le manuscrit fr. 5524, de la Bibliothèque nationale, relate ainsi
qu'il suit la création du salut d'Henri VI (fᵒ 124 vᵒ et 125 rᵒ) :

« Le 6 février 1422 fut, par ordonnance du Roy, faict l'ouvraige qui
s'ensuit : salutz d'or fin, à 1/4 de carat de remède, de 3 d. de poix
au feur de 63 pièces au marc, ayans cours pour 25 s. pièce.

« Sont notté qu'il feust, ès monnoies cy-après, ouvré desdits salutz,
lesquelz n'avoient autre differance au carractère, sinon que au commencement des légendes, tant devers la croix que pille, y avoit le
different qui ensuyt : Paris, une couronne ; — Rouan, ung leopart;
— Auxerre, ung fret de molin ; — Saint-Lô, une fleur de liz ; — Le
Mans, une racine ;— Amyens, un aignel ; — Dijon, une veronicque,
—et en aultres lieux où ledict sieur Roy Henry fist ouvrer desdits salutz, y feust mis au commencement desdites légendes ung croissant. »

Le Registre entre deux ais des Archives nationales nous donne le
texte suivant : « Le sixième jour de février 1422 fu ordonné faire deniers d'or fin, nommez saluz, à 1¦4 de carat de remède, aians cours
pour 25 s. tᵃ la pièce, aux armes de France et d'Engleterre, esquelx

fu mis, en chacune monnoie, autelle differance comme ès blans de
10 d. t* la pièce, avec une main, en lieu du soleil, dessus le roleau
de l'*ave Maria.*»

Leblanc (tableaux) assigne la même date du 6 février 1422 au
salut d'or fin, de 63 au marc et valant 25 s. t*.

Du 6 février 1422 au 3 juin 1423, « deniers d'or fin nomez salutz à
1/4 de karat de remède, aux armes de France et d'Angleterre, de
63 au marc, pour 25 sols t*. »

Le 3 juin 1423, « mêmes salutz, et donner du marc d'or, 77 liv.
10 s. t*, sur lequel prix n'a esté faict aucun ouvrage. »

Bibl. nat., ms. fr. 4533, 60 v°.

Le 7 février 1422 fut donné à Regnault Tumery, maître particulier de la monnaie de Paris, l'ordre de faire ouvrer les saluts en
question; il lui fut alloué de brassage, pour le marc de ces deniers
d'or, 12 s. 6 d. t*.

Se° pleiges étaient « Jacques Trotet, son compaignon, et Enguerrin
Tumery, frère dudict Regnault. »

Sorbonne, reg. H, 1, 9, n° 174, f° 5 r°.

Le commerce préférant les écus d'or aux saluts, qu'on ne voulait
accepter que pour le prix d'un écu, le 5 mars 1422 une ordonnance
royale fixa le prix du salut à 25 s. ts, celui du mouton d'or à 15 s.
ts, et l'écu d'or à 22 s. 6 d. ts, « qui est 9 salutz pour 10 écuz d'or, et
3 moutons d'or pour 2 écus d'or. »

Arch. nat., reg. Z, 1ª ,58, 174 v° et 175 r°. — Ord. XIII, 24.

Le 8 mai 1422 les généraux maîtres des monnaies, en vertu des
lettres royales de décembre 1422, constatent qu'ils ont reçu le serment de Pierre Le Clerc, et mandent aux prévôts des ouvriers et
monnayeurs de la monnaie de Paris, présents et à venir, qu'ils aient
à le laisser jouir de tous ses droits.

Arch. nationales, reg. Z, 1ª, 60, f° 22 v° et 23 r°.

1er mars 1422.

A Dijon, grands blancs de 10 d. t* à 5 d. de loi argent le Roy et de
6 s. 3 d. de poids au marc de Paris, faits par Perrenot Tainturier,
commis de Pierre et Humbert Viart frères, maîtres particuliers,
du 1er mars 1422 au 28 septembre 1423, 305,000 frappés.

Arch. de Dijon, reg. B, 11215, f° 9 v.

Mêmes blancs par Andriet de Vailli, commis au gouvernement de la monnaie, du 4 août 1424 au 19 juin 1426, 305,000 frappés.

Les gardes sont Gerart Mariot et Amiot Clerembault.

Le tailleur est Andriet de Vely.

Le contregarde, Aubry le Vicaire.

Ibid., f°s 93 r° à 94 r°.

Mêmes grands blancs par Andriet Viart, commis au gouvernement de la monnaie, du 3 septembre 1426 au 24 janvier suivant, 26,000 frappés.

Ibid., f° 96 r°.

Par le même, deniers tournois à 1 d. 12 gr. et de 18 s. 9 d. de taille, du 5 septembre 1426 au 16 novembre suivant (on met en boîte 1 denier sur 10 marcs), 280 marcs d'œuvre, 63,000 frappés.

Ibid., f° 97 r°.

Le vendredi 12 mars 1422, « fut ordonné par M. le chancelier de France aux généraux maîtres des monnoies, escrire et faire sçavoir aux gardes de la monnoie de Dijon, l'ordonnance faicte à cause du nouvel pié de monnoie, tant sur l'or comme sur l'argent, en la présence de maître Jehan de Poligny, chevalier, seigneur de la Motte, maître Nicolas Fralon, maître Quentin Massue et sire Jehan de Precy.»

Arch. nationales, reg. Z, 1^n, 3, 7 v°. — Sorb., H, 1, 9, n° 174, 133 r°.

Le lundi 22 mars 1422, « à Jehan Marcel, naguères tenant le compte de la monnoie de Rouen, on dit que ses boîtes de l'ouvrage d'or ont été trouvées hors des remèdes : 1° une boîte du 16 décembre 1421 jusqu'au 10 janvier 1422, où il y avoit 104 salutz ordonnés estre faictz d'or fin, à 1/8 de karat de remède, étoit revenue à 23 k. 3/6, soit à 1/8 de karat hors du remède; il est pour cela mis à l'amende.» Il s'agit de saluts d'Henri V, évidemment.

Nota. Ces 104 saluts mis en boîte représentaient une émission de 20,800 pièces.

«Et avecque ce luy fu dict et exposé que, durant le temps que Loys de Cormeilles avoit tenu le compte de la monnoye de Saint-Lô, dont il avoit esté compaignon, avoit esté faict en icelle monnoye une boîte d'or, du 26° jour de may 1422 jusques au 26° jour d'octobre audit an, ensuivant, où il avoit 12 deniers d'or saluz, ordonnez estre faiz d'or fin, à 1/8 de karat de remède, laquelle est revenue escharce de loy, le sixième d'un carat d'or fin pour marc, qui est le 24ᵉ d'un carat hors du remède, et pour ce fu condempné ledit Loys à l'amender, dont ledit Jehan Marcel, qui lors present estoit, gaigea l'amende pour ledit Loys de Cormeilles. »

Arch. nationales, reg. Z, 1ᴮ, 3, 8 rᵒ.

Le samedi précédent, 20 mars, avaient été présents à la séance de la chambre des monnaies les généraux maîtres Jehan Trotet, Mace de Valenciennes, messire Robert Gaultier et Jehan le Goupil ; et dans cette séance avait été traitée une affaire relative à Pierre des Landes, naguère maître particulier de la monnaie de Paris.

Ibidem, 7 vᵒ.

Le mardi 13 avril 1423, fut jugée, par la chambre des monnaies, une boîte de l'atelier monétaire de Nevers, représentant des délivrances de doubles tournois, effectuées les 24 juillet, 15 août, 27 septembre et 17 octobre 1422. Elle contenait 7 liv. 8 s. et 9 deniers de doubles, soit 1785 pièces, représentant 1,356,600 pièces frappées en tout.

Arch. nationales, reg. Z, 1ᴮ, 3, 9 rᵒ.

Le 24 avril 1423, les ouvriers et monnoyers de la monnaie de Paris, du serment de France, se trouvant au nombre de 60, les ouvriers du serment de Brabant, qui avaient été mandés par ordre du roi, furent congédiés, et s'engagèrent à revenir à tout appel des généraux maîtres.

Ibidem, 9 rᵒ et vᵒ. — Sorb., H, 1, 9, nᵒ 174, 133 rᵒ.

Le mardi 27 avril 1423, Jehan Ranier (ou Ravier), garde de la monnaie de Châlons, fut commis à la maîtrise « en la main du Roy », c'est-à-dire en régie, jusqu'au jour où quelqu'un la mettrait à prix.

Arch. nationales, reg. Z, 1ᴮ, 3, 9 vᵒ.

Le 8 mai 1423, Guiot de Hanin, tailleur de la monnaie de Paris livra à la chambre des monnaies trois paires de fers à frapper les saluts, qui lui avaient été commandés pour les monnaies de Rouen et de Saint-Lô, « savoir deux paires pour Rouen, et une paire pour Saint-Lô, lesquels furent baillés à sire Jehan le Goupil (général maître) pour iceux envoyer ès dites monnoyes. »

Ibidem, fᵒ 10 rᵒ.

. A la date du 12 mai 1423, Jehan Ranier, qui tenait le compte de la monnaie d'Auxerre, n'était plus vivant.

Ibidem.

Le vendred 28 mai 1423, Regnault Tumery et Jaquet Trotet s'opposèrent à la mise en liberté de Pierre Guef, détenu à la conciergerie du Palais, pour cause d'un reliquat de 412 liv. 10 s. tournois qu'il leur devait encore, sur le prix du billon qu'ils avaient livré à la monnaie de Châlons, dont il était maître particulier.

Ibidem, 10 v°.

Le 31 mai 1423, parut une ordonnance du roi Henri VI, ainsi conçue :

« Henry, etc. Comme par noz autres lettres nous ayons ordonné entre autres choses faire faire et ouvrer en noz monnoyes petis deniers tournois et petites mailles tournois, neantmoins il est venu à notre congnoissance qu'il est besoing et necessité en notre ville de Paris, faire des petis deniers parisis. Pourquoy nous mandons que le plus diligemment que faire se pourra, vous faictes faire et ouvrer en notre monnoye de Paris, et autres où vous verrez qu'il sera prouffitable pour le bien de nous et de la chose publicque, petiz deniers parisis noirs, ayans cours pour ung denier parisis la pièce, à 1 denier 12 grains de loy, argent le Roy, et de 15 sols de pois au marc de Paris, sur le pié de monnoye 30e — en mettant en iceulx deniers telle différence comme bon vous semblera, » etc.

Arch. nationales, reg. Z, 1^a, 53, 181 r°.

Le 4 juin 1423 parut une ordonnance royale, datée du bois de Vincennes, et contenant ce qui suit :

Pour éviter l'exportation des matières, «il est ordonné de faire faire et ouvrer en nos dites monnoies : deniers d'or fin, appellez salutz, de 63 de pois au marc de Paris, à 1/4 de carat de remède, aians cours pour 25 sols tournois la pièce, à noz armes de France et d'Angleterre, et blancs deniers ayans cours pour 10 d. t° la pièce, à 5 d. de loy, argent le Roy, et de 6 s. 3 d. de pois au marc de Paris (75 pièces) sur le pié de monnoie 30e, à nosdites armes, et pour toujours entretenir et continuer que nos monnoies d'argent soient sur un mesme pié, et à la forme de nosdites armes, par l'advis et deliberacion de notre très cher et très amé oncle Jehan, Regent notre dit Royaume de France, Duc de Bedford, et de notre grant conseil, avons ordonné sur ce faire en nosdites monnoies, avec lez blancs

aians cours pour 10 d. t⁵ la pièce, petis blans aians cours pour 5 d.
t⁵ la pièce, à 5 d. de loy et de 12 s. 6 d. de pois au marc de Paris
(150 pièces), en donnant et faisant donner aux changeurs et marchans, pour chacun marc d'argent aloyé à lad. loy, 6 liv. 18 s. tournois.—*Item*, autres deniers ayant cours pour 3 d. t⁵ la pièce, à 3 d. de
loy argent le Roy, de 12 s. 6 d. de pois audit marc (150 pièces), et sur
ledit pié, en donnant et faisant donner aux changeurs et marchans,
pour chacun marc aloyé à lad. loy de 3 deniers, 6 liv. 12 s. tournois.
—*Item*, petits deniers tournois, ayans cours pour 1 d. t⁵ la pièce, à
1 d. 12 gr. de loy argent le Roy, et de 18 s. 9 d. de pois audit marc
(225 pièces), et sur led. pié, en donnant et faisant donner aux changeurs et marchans, de chacun marc d'argent à lad. loy de 1 d. 12 grains,
116 sols tournois. — *Item*, petites mailles tournois, aians cours pour
une maille tournois la pièce, à 1 d. de loy argent le Roy, de 25 s. de
pois audit marc (300 pièces), en donnant et faisant donner aux changeurs et marchans, pour chacun marc d'argent aloyé à ladite loy de 1
denier, 110 sols tournois, » etc.

Arch. nationales, reg. Z, 1ᴮ, 58, 175 rᵒ et vᵒ. — Reg. entre deux
ais, 88 rᵒ. — Sorb., H, 1, 9, nᵒ 174, 193 vᵒ. — Ord. XIII, 28.

Le Registre entre deux ais dit, de plus, que ces différentes monnaies furent frappées depuis le 4 juin 1423 jusqu'au 13 avril 1436,
après Pâques.

Le manuscrit Ms. F. 5524 (125 rᵒ à 126 vᵒ) de la Bibliothèque nationale indique également, à la date du 4 juin 1423, le petit blanc de
5 d. t⁵, le denier noir de 3 d. t⁵, le denier tournois et la maille tournois.

Les figures qu'il donne, à la suite de chacune de ces indications,
sont, pour la 1ʳᵉ pièce, une bonne représentation du petit blanc aux
deux écussons de France et d'Angleterre; pour la 2ᵉ, le niquet ordinaire, au lieu du TVRONVS TRIPLEX; pour le denier tournois: TV-
RONVS CIVIS, croix, ℞. H. REX FRANCIE ET ANGL, léopard et
une fleur de lis au-dessus; pour la maille : ✠ OBOLVS CIVIS, ℞.
✠ H. FRANCIE ET ANGL. REX, fleur de lis et léopard. Les trois
dernières monnaies noires ont l'H au milieu de la croix du revers.

Il est ajouté: « Soit notté que en aulcunes monnoyes fut faict ouvraige desdictes mailles tournois n'ayans aucun H au meilleur (*sic*)
de la grand croix, et ayant ung léopart au commencement des légendes, tant devers la croix que pille, au lieu de la croix de celle cy-
dessus. » Aucune figure n'accompagne cette note. L'attribution à

Henri VI d'une monnaie quelconque avec l'H au centre de la croix est nécessairement erronée.

Le Ms. F. 4533, 89 r° et v°, n'indique comme ayant été frappés, du 4 juin 1423 au 13 avril 1436, que le blanc de 10 d. t⁵, le petit blanc de 5 d. t⁵, le denier noir de 3 d. t⁵ et la petite maille t⁵.

Le 6 juin 1423, « fu présent Guillaume le Moinne, maistre particulier de la monnoie d'Arras, auquel fu dit et exposé que, pour l'avencement de l'ouvrage d'icelle monnoie, le roy donneroit aux changeurs et marchans, 3 s. t⁵ de creue, oultre et par-dessus le prix de 6 liv. 15 s. t⁵, au cas qu'il voudroit promettre et soy faire fort de faire et ouvrer, en icelle monnoie, tant d'ouvrage oultre et par-dessus ce qu'il a promis faire, que le Roy y peust avoir de prouffit autant que les 3 s. t⁵ mériteroient. »

Arch. nationales, reg. Z, 1 ᴮ, 3, 10 v° et 11 r°.

Le mercredi 9 juin 1423, l'ordonnance royale du 4 juin fut notifiée à plusieurs changeurs sur le pont de Paris, convoqués *ad hoc* à la chambre des monnaies.

Arch. nationales, reg. Z, Iᴮ, 3, 11 r°. — Sorb., H, 1, 9, n° 174, 133 r°.

Le 17 juin 1423, «Jaquotin du Pré, changeur sur le pont de Paris, mist la monnoie de Saint-Quentin à pris pour ung an, à compter du jour de sa première délivrance, laquelle il promist faire dedans ung mois à compter dudit jour, et promist faire faire et ouvrer en icelle monnoie, ledit temps durant, le marc d'or, en deniers d'or nommez saluz, pour 12 s. 6 d. t⁵; le marc d'œuvre en blans deniers, grands et petiz, sur le pié de monnoie 30ᵉ pour 3 s. 6 d. t⁵, et le marc de noir, sur ledit pié, pour 2 s. t⁵, sur les conditions du bail des monnoies. »

Arch. nationales, reg. Z, 1 ᴮ, 3, 11 v°.

A la date du lundi 21 juin 1423, il est fait mention de Jehan Gente, garde de la monnaie de Paris.

Arch. nationales, reg. Z, 1 ᴮ, 3, 11 v°.

L'exécutoire des généraux maîtres, pour l'ordonnance royale du 4 juin 1423, est daté du 22 juin 1423. Le denier noir de 3 d. t⁵ y est appelé trésin. Ils annoncent l'envoi des patrons de cette monnaie et des deniers tournois, « excepté (il s'agit de l'expédition destinée aux gardes de la monnaie de Rouen) que vous faictes faire pour diférence, par le tailleur d'icelle monnoie, tant devers la croix comme devers

4

la pille, au commencement de la lettre qui est autour du denier, ung petit liépart, au lieu de la couronne qui est esdits patrons, » etc. Quant aux mailles tournois, il est dit : « dont nous vous envoyerons les patrons le plus brief que faire se pourra, » etc.

L'ordre de mettre en boîte un denier sur 60 sols des deniers blancs et noirs qui seront ouvrés et monnayés, est renouvelé.

Arch. nationales, reg. Z, 1 ᴮ, 58, 179 r° à 180 v°.
Sorb., H, 1, 9, n° 174, 199 r°.

Ce même jour, 22 juin 1423, des lettres patentes furent adressées au prévôt de Paris, touchant le cours des monnaies ; en voici la substance :

Toutes les monnaies d'or et d'argent sont décriées, à l'exception des « saluts que l'on frappe actuellement pour 25 s. tʳ, et aussy lesdits deniers d'or fin nommez saluz ordonnés estre faits en noz monnoyes de Normandie, par notre très-cher seigneur et père, que Dieu pardoint, à nos armes d'Angleterre seulement, soient pris et mis semblablement, pour 25 s. tʳ la pièce.

«Les nobles d'or que notre dit très-cher seigneur et père, que Dieu pardoint, et nous, avons fait faire et faisons faire de present en nos monnoies d'Angleterre, soient pris et mis pour 45 s. tʳ la pièce. »

Les demi-nobles et quarts de nobles, pour 22 s. 6 d. tʳ et 11 s. 3 d. tʳ la pièce.

Les grands blancs aux armes de France et d'Angleterre, pour 10 deniers tournois.

Les petits blancs aux mêmes armes, pour 5 d. tʳ.

« Les petits deniers noirs appelés Tresins, semblablement faits à nosdites armes, pour 3 d. tʳ.

« Les petits deniers tʳ et petites mailles tʳ, que derrenier avons ordonné faire faire en nos monnoies, pour 1 d. tʳ et 1 maille tʳ.

« Les doubles deniers tʳ et petits deniers tʳ blancs, naguères ordonnés estre faits en nos monnoies, par notre très-cher seigneur et ayeul, en notre pays de Normandie, (soient) pris, sçavoir : lesdits doubles pour 2 deniers tʳ et les petits deniers tʳ pour 1 tournois la pièce, et les petits deniers noirs apelez noirez, seront pris pour 1 maille tʳ la pièce. Et tous les escus vieils et neufs, et petits moutons d'or, faits le temps passé ès dites monnoies, ausquels nous ostons le cours, et toutes autres monnoyes, soit de nos coins ou d'autres, ne soient prises ou mises fors au marc pour billon, sur peine de perdre toutes

icelles monnoies que l'en trouvera estre prises ou mises, et d'amende
à notre voulenté, » etc.

Arch. nationales, reg. Z, 1 ᴮ, 58, 179 r° à 170 r°.
Sorb., H, 1, 9, n° 174, 194 v° et 196 r°.
Ord. XIII, 29.

Le tailleur de la monnaie de Paris, Guiot de Hanin (nommé cette
fois de Haingnien), fut chargé de graver treize paires de fers pour
la fabrication des tresins, ou pièces de 3 deniers tournois; cela
résulte de l'entête d'un cahier de papier des Archives nationales
(carton Z, 1 ᴮ, 914).

Ce cahier est intitulé ainsi qu'il suit :

« C'est le papier du bail de la monoye de Pariz, des deniers noirs
à ung escu de France et d'Angleterre, nomez trezins, qui ont cours
pour 3 deniers tournois pièce, à 3 d. de loy argent le Roy, et de
12 s. 6 d. de boiz (lisez poids) au marc de Paris (150 pièces au marc),
fait en achat par Regnault Thumery, maistre particulier de ladite
monoye, tenant le compte ledit Regnault, acheté le marc d'argent
aloyé à ladicte aloy (sic) au pris de 6 liv. 12 s. t., délivré par Jehan
Gente et Gerard de Vauboulon, gardes d'icelle monnoye, fait l'an
1423. »

Le 26 juin 1423, il fut délivré 112 liv. de gros de noirs.

Le 28 juin 1423, il fut délivré 150 liv. de gros des mêmes.

Soit de ces deux jours 262 liv. de gros de noirs (cela représente
une émission de 62,880 pièces).

Le 27 juin 1423, mandement au bailli de Vermandois, pour forcer
les changeurs à porter à la monnaie de Châlons 600 marcs d'argent
en billon, pour en faire des blancs de 10 d. t., et des autres monnaies que l'on frappait alors dans les autres ateliers.

Ord. XIII, 31.— Sorb., H, 1, 9, n°ˢ 174, 173 v°.

Le 30 juin 1423, le duc de Bourgogne adressait aux gens de ses
comptes les lettres suivantes, pour faire fabriquer en la monnaie de
Dijon des deniers d'or fin appelés saluts.

« Phelippe, duc de Bourgoingne, conte de Flandres, d'Artois et de
Bourgoingne, palatin, seigneur de Salins et de Malines, à noz
amez et feaulx les genz de noz comptes à Dijon et au général
maistre de noz monnoies de Bourgoingne, salut : Comme nous
soyons véritablement informez qu'ès monnoies de Monseigneur le
Roy, l'en fait et forge l'en de present nouveaulx deniers d'or fin

nomméz saluz, ayant cours pour XXV solz tournois pièce, à ung
quart de carat de remède, et de LXIII deniers de poids au marc de
Paris, de certainne forme et façon, en donnant et faisant donner aux
changeurs et marchans de chacun marc d'or fin LXXVI liv. V solz
tournois. Pourquoi, nous qui toujours avons entretenu et voulons
entretenir de faire ouvrer, en nozdites monnoies, telz deniers tant
d'or comme d'argent et autres, à telz pié, poix et aloy, comme esdites
monnoies de mondit seigneur le Roy, vous mandons qu'en notre
monnoye de Dijon vous faictes tantost faire, forgier et monnoyer
lesdiz deniers d'or fin appeléz salus, aux armes et caractère dudit
monseigneur le Roy, qui auront cours pour XXV solz tournois
pièce, à un quart de carat de remede et de LXIII deniers de poix au
marc de Paris, en y faisant faire tel contresaing et différance que
aviserez, en faisant donner aux changeurs et marchans, de chacun
marc d'or fin soixante-seize livres cinq solz tournois. De ce faire
vous donnons povoir, autorité et mandement especial. Donné en
nôtre ville de Dijon le derrenier juing, l'an de grâce mil cccc vint
et trois. — Par monseigneur le Duc, à votre relation. — T. Bouesseau.» — Scellé du grand sceau en cire rouge, à simple queue de
parchemin pendant.

Original. (Archives de la Côte-d'Or, Monnoies. B. 11210. —
Copie aux Archives de la Monnaie de Paris.)

Le jeudi 1er juillet 1423, Pierre Guef, maître particulier de la
monnaie de Châlons, passait procuration à Felisot de la Chapelle
et à maître Adam des Champs, pour assister à l'ouverture de ses
boîtes.

Archives nationales, reg. Z, 1ᴮ, 3, 12 rᵒ.

Le 6 septembre 1423, les doubles tournois qui couraient les
5 pour 2 blancs sont mis à 6 pour 2 blancs, c'est-à-dire pour un
grand blanc de 10 deniers tournois.

Sorb., H, 1, 11, nᵒ 166 *bis*, petit cahier de papier y inséré. — Ms.
de Poullain, pages 13 à 24.

Le même jour, 6 septembre 1423, une ordonnance royale fut
adressée aux généraux maîtres, pour « faire faire ez monnoies de
France et de Normandie, deniers d'or fin, à 1/4 de carrat de remède,
nommez saluz, ayant cours pour 22 s. 6 d. t. la pièce, et de 70 deniers de pois au marc de Paris, aux armes de France et d'Angleterre, de la forme des deniers d'or nomez saluz, que faisions faire
paravant cette présente ordonnance, donnant aux changeurs, de

chacun marc d'or fin, 78 liv. t., en mettant en iceulx deniers d'or
telle difference comme bon vous semblera, » etc.

Arch. nat., reg. Z, 1 ᴮ, 58, 177 rᵒ.—Sorb., H, 1, 9, nᵒ 174, 194 rᵒ.
— Ord. XIII, 36. — Leblanc, tableaux.

Le Registre entre deux ais (fᵒ 159 vᵒ) s'exprime ainsi au sujet de
cette ordonnance :

« Le sixième jour de septembre l'an 1423, fu ordonné faire deniers
d'or fin nomez saluz, aux armes de France et d'Angleterre, à un quart
de carat de remeide, aians cours pour 22 s. 6 d. t. la pièce, esquelx
fu mis, en chacune monnoie, autelle differance come ès blans de
10 d. t. la pièce, avec ung soleil dessus le roleau de l'Ave Maria. »

Le même jour 6 septembre 1423, des lettres patentes, adressées au
prévôt de Paris, contenaient ce qui suit :

« Pour ce que toujours nous desirons la chose publicque de notre
royaume de France être maintenue et gardée en toute bonne police,
tant au regard des monnoies comme autrement, et veons clairement
que l'ennemy et adversaire de nous et de notre Royaume, qui s'in-
gère de porter nos plaines armes de France, s'est efforcé et s'efforce
chacun jour de faire faire et forger, à nosdites armes de France,
doubles deniers de deux deniers tournois la pièce, de moindre poids
et alloy que sont ceux que notre très-cher seigneur et ayeul, le roy
Charles, que Dieu pardoint, avoit fait faire en son vivant, pourquoy
nous et toute la chose publicque de notre Royaume de France, en
avons été grandement déceuz et domaigiez, et pourions encore plus
estre, si par nous n'y estoit pourveu de remede, et pour ce nous
voulans obvier aux fraudes et déceptions de notredit ennemy et
adversaire, principalement pour le bien et utilité de notre peuple, et
eschever qu'il ne soit fraudé et déceu, en prenant lesdits doubles
deniers pour plus haut pris qu'ils ne valent, jaçoit que ceux que
notredit feu seigneur et ayeul et aussy notre très-cher seigneur et
père, que Dieu pardoint, faisoient faire et forger, tant en France
comme en Normandie, estoient et sont de bon poids et aloy, par
l'advis et deliberacion des gens de notre grand conseil et autres en
ce conoissans, pour ce assemblez par plusieurs fois, ordonnons que
12 desdits deniers doubles faits tant en nos monnoies de France
come en Normandie, qui ont cours pour 2 d. t. la pièce, seront pris
et mis, c'est assavoir : 6 d'iceulx doubles pour un grand blanc de
10 d. t. la pièce, que présentement nous faisons faire, ouvrer et
monoyer à nos armes de France et d'Angleterre, et 3 d'iceulx

doubles pour un petit blanc de 5 d. t. la pièce, que pareillement faisons faire en nosdites monoyes à nosdites armes, et non pour plus ; et seront pris et mis les saluts d'or que nouvellement faisons faire et forger en nosdites monoyes, et à noz armes de France et d'Angleterre, dont il aura 70 au marc, pour 22 s. 6 d. t. la pièce, en blancs de deux blancs de 10 d. t. pièce, et petits blancs de 5 d. t. la pièce dessusdits, et pour 27 sols t. en doubles, tant de France comme de Normandie dessusdits, et en outre pour ce que, en notre bonne ville de Paris et en plusieurs autres lieux de notre Royaume, le peuple a acoustumé de marchander à parisis, nous voulons et ordonnons que les deniers noirs que derrainement avons fait faire, ausquels avons fait donner cours pour 3 d. t. la pièce, soient pris et mis doresenavant pour deux parisis la pièce et non pour plus, » etc.

Arch. nat., reg. Z, 1 , 58, 177 v° et 178 r°. — Sorb. H, 1, 9, n° 174, 194 r° et v°. — Ord. XIII, 36.

Le jeudi 9 septembre 1423 fut notifiée aux changeurs de Paris l'ordonnance royale qui créait le salut d'or fin de 22 s. 6 d. t°, à 1/4 de karat de remède, et de 70 au marc.

Sorb., H, 1, 9, n° 174, 134 r°.

Le 15 septembre 1423, lettres patentes ordonnant aux généraux maîtres de bailler à ferme, à l'extinction des feux, pour un an seulement, les monnaies de Paris, Mâcon, Chalons et autres.

Arch. nationales, reg. Z, 1 ᵇ, 58, 177 r° et v°. — Sorb., H, 1, 9, n° 174, 194 r°. — Ord. XIII, 38.

Le 4 octobre 1423, Pierre de Landes « fut commis par le comptouer et de l'ordonnance du conseil du roy, notre sire, à faire l'ouvrage de la monnoie de Paris, pour Regnault Tumery, qui estoit prisonnier, et ledit jour Jacquin Lenglois et Pierre Remon furent commis à faire les offices de Gerard Vauboulon et Jehan Gente, gardes de la monnoie de Paris, et Mace de Valenciennes à faire l'office de Miles de Lagny, essayeur de ladite monnoie de Paris. »

Arch. nationales, reg. Z, 1 ᵇ, 3, 14 r°. — Sorb., H, 1, 9, n° 174, 134 r°.

Le mercredi 12 octobre 1423, mention de Martin Marengue, garde de la monnaie d'Arras.

Arch. nationales, reg. Z, 1 ᵇ, 3, 14 r°.

Le samedi 24 octobre 1423, mention de Raoul Thorin, garde de la monnaie de Saint-Quentin.

Ibidem, 15 v°.

Le vendredi 29 octobre 1423, Guion Luillier, procureur d'Adam Renier et d'Estienne Luillier, son frère, s'oppose à ce « que la monnoie de Chalons soit baillée à Jaquotin du Pré, qui l'avoit mise à prix et à qui elle estoit demourée, comme derrenier encherisseur. »

Arch. nationales, reg. Z, 1ᵘ, 3, 16 v°.

Le 13 novembre 1423 « fut baillé à Casin du Pré, changeur sur le pont de Paris, un mandement du Roy, adreçant au baillif d'Amiens, pour faire édifier une monnoye audit lieu, avec unes lettres closes par le comptouer, adreçans audit baillif, pour bailler ladicte monoye à la chandelle, » etc.

Arch. nationales, reg. Z, 1ᵘ, 3, 17 v°. — Sorb., H, 1, 9, n° 174, 134 r°.

Le mardi 14 décembre 1423, Arnoullet Rame, changeur sur le pont de Paris, devint adjudicataire, pour un an, de la monnaie d'or de Paris, « baillée à la chandelle devant les généraux maîtres, Jehan Trotet, Mace de Valenciennes, et Robert Gaultier. »

Sorb., H, 1, 9, n° 174, 5 r°.

Le 17° jour de décembre l'an 1423, fu ordonné au comptouer, que ès deniers d'or fin nomez saluz, à 1/4 de carat de remeide, de 70 deniers au marc, qui seront faiz et ouvrez en la monnoye de Paris, depuis ledit jour, sera fait pour difference, devers la croix seulement la lettre de **M** de **IMPERAT** qui paravant estoit ronde en manière d'un cadran, sera de cette forme **M**.

« Item, ès deniers blans aians cours pour 10 d. t⁸ la pièce, qui seront faiz et ouvrez en icelle monnoye depuis ledit jour, sera fait pour difference, devers la croix seulement, les 3 petits points qui sont entre chacun mot, seront assemblez ensemble en ceste manière ¦, et semblablement ès petiz blans de 5 d. t⁸ la piece. Lesquelles differences furent ordonnées estre faictes, afin que se on trouvoit aucuns deniers d'or ou d'argent qui ne fussent des pois et loy que doivent estre, que on peust savoir soubz quel maistre ilz auroient esté faiz.

« Il a esté ordonné faire pour difference es petites mailles tournois qui seront faictes en la monnoye de Rouen, soubz e **C** de **HENRICVS** ung point, et soubz le **C** de **CIVIS** ung point.

« Et ès petites mailles tournois qui seront faictes en la monnoye de Saint-Lô, sera mis pour difference soubz **S** de **HENRICVS** ung point, et soubz **S** de **CIVIS** ung point. »

Registre entre 2 ais, 159 v°.

Le 19 février 1423, « fut escript aux gardes de la monnoye nouvellement ordonnée en la ville d'Amiens, que ilz feissent faire par le tailleur d'icelle monnoye, pour differance ès deniers d'or appellez saluz, grands blans et autres monnoyes d'argent, ung petit mouton, en maniere d'agnus Dei. »

Ibidem, 160 r°.

A la date du 1er mars 1423, je trouve dans le ms. fr. 5524, 126 r°, les renseignements suivants :

« Le 1er jour de mars 1423, fut faict l'ouvraige qui s'ensuit :

« Francs à cheval d'or fin, à demi Karat de remedde, de 2 d. 9 gr. de poix, au fur de 80 pièces au marc, ayans cours pour 20 s. pièce.

« Marc d'or fin, 79 liv. t^s. »

Une figure accompagne cette indication ; c'est celle d'un Franc à cheval avec la légende : HENRICVS · D · G · FRANC · ⚔ · ANGL · REX.

Il est bien douteux qu'il ait existé un franc à cheval de Henri VI, malgré ce renseignement, qui d'ailleurs reste isolé.

Le 13 mars 1423, Girard de Vauboulon, garde de la monnaie de Paris, « aporte lettres royaulx qui ostent la suspension et empeschement mis en l'exercice de sa charge, et fut le samedi 18 mars 1423 mis en possession de sa charge, ainsi que Jehan Gente, autre garde, qui avoit obtenu pareilles lettres. »

Arch. nationales, reg. Z, 1^B, 3, 23 r°. — Sorb., H, 1, 9, n° 174, 135 v°.

Le 15 mars 1423, deux conseillers au Parlement viennent à la chambre des monnaies pour le procès fait à Regnault de Tumery, à cause d'une fabrication de blancs de 10 d. t^s, faibles de poids et de loi.

Arch. nationales, reg. Z, 1^B, 3, 23 r° et v°. — Sorb. H, 1, 9, n° 174, 135 v°.

Le 23 mars 1423, on ouvre à la chambre des monnaies une boîte de blancs de 10 d. t^s faits à Rouen, par Robin Lambert, du 5 juillet 1423 au 4 novembre suivant ; elle ne contient que 6 liv. 12 s. 8 d. de blancs, au lieu de 7 liv. 1 s. 11 d. qu'elle devait contenir ; cela représente une émission de 1,226,160 pièces.

Le 28 mars 1423 « fut ordonné escripre aux gardes des monnoyes, que par le maistre particulier ils facent ouvrer des petits tournois noirs, et que ilz n'en laissent ouvrer plus de la valeur de 10 marcs d argent par mois. »

Arch. nationales, reg. Z, 1^D, 3, 25 r°.

Monnayage d'Amiens.

Du 7 avril 1423, avant Pâques, au 7 décembre 1424, il est frappé à Amiens 74,250 blancs de 10 d. t°, par Felisot Bonin, au nom de Guion Luillier, pour lequel Perrinet de Troyes a tenu le compte de la monnaie.

Du 20 juillet 1426 au 24 août, Jehan de Breban, maître particulier, a frappé 18,720 de ces blancs de 10 d. t°, et du 24 août 1426 au 17 juin 1427, 181,440.

Le 8 février 1426 ont été délivrés 34,560 deniers parisis à 1 d. 12 gr. de loi, et de 180 au marc, par Jehan de Fontenay, pour lequel Pierre de Landes a tenu le compte de la monnaie [1].

Du 20 décembre 1427 au 22 octobre 1428, 35,260 grands blancs ont été frappés par Jaquet Clément, pour lequel Guillaume Ruissel a tenu le compte de la monnaie.

Le 16 février 1428, Pierre Grumeau, maître particulier, a délivré 5,040 grands blancs semblables.

Du 17 février 1428 au 13 février 1429 il en a frappé 15,840, et la première délivrance a eu lieu le 11 avril 1429.

Du 3 avril 1429, avant Pâques, au 11 septembre 1430, Jehannin Grumeau le jeune, pour lequel Pierre Grumeau a tenu le compte de la monnaie, a frappé 10,080 grands blancs.

Du 6 mars 1433 au 26 mars suivant, Jacques aux Cousteaux, maître particulier, a frappé 18,030 grands blancs, et du 15 avril 1434 au 7 décembre suivant, 21,600.

En résumé, il a été frappé à Amiens, au nom du roi Henri VI, 414,770 grands blancs aux armes de France et d'Angleterre, du 7 avril 1423, avant Pâques, au 7 décembre 1434.

Archives nationales, reg. en papier Z, 1380, du carton Z, 1ᵇ, 815.

Le 7 avril 1423, Jehan Favry, maître particulier de la monnaie de Saint-Lô, est mis à l'amende pour fautes de monnoyage.

Arch. nationales, reg. Z, 1ᵇ, 3, 26 v°.

En 1424, Georget Boquet, changeur à Rouen, prit à bail pour un

---

1. Je ne m'explique pas bien cette mention ; car, à cette époque, Jehan de Fontenay frappait des deniers parisis *à Paris*, et Pierre de Landes tenait pour lui le compte de la monnaie.

an la monnaie de Rouen et s'engagea à ouvrer 1,050 marcs d'or fin dans l'année.

Sorbonne, H, 1, 9, n° 174, 11 r°.

La même année, Pierre Grumeau se vit adjuger à la chandelle, c'est-à-dire à l'extinction des feux, la monnaie de Saint-Quentin, pour un an.

Ibidem, 46 r°.

Au 2 mai 1424, Guillaume le Moyne était maître particulier de la monnaie d'Arras.

Ibidem, 136 r°.

Le 31 mai 1424, des lettres patentes du roi, adressées aux généraux maîtres des monnaies, disent qu'il a ordonné de faire des deniers et des mailles tournois, et il ajoute : « il est venu à notre connoissance que il est besoin et nécessité, en notre ville de Paris, faire des petits deniers parisis; vous mandons faire et ouvrer, en ladite monnoie de Paris, petits deniers parisis noirs aians cours pour 1 denier parisis la pièce, à 1 d. 12 gr. de loy A. R. et de 15 s. de poids (180 pièces) au marc de Paris, sur le pié de monnoie 30e, » etc.

Sorb., H, 1, 9, n° 174, 197 r°. — Ord. XIII, 51.

Le ms. fr. 5524, 126 r° et v°, donne le renseignement suivant : « Le dernier jour de may 1424, feust faict l'ouvrage qui s'ensuyt : parisis noirs à 1 d. 12 gr. de loy, de 1 d. 1 grain de poix, au feur de neuf vingts pièces au marc, ayans cours pour 2 d. et pile tournois. » La figure annexée donne : couronnelle, PARISI — VS·C — IVIS, croix fleurdelisée recoupant la légende; ℞. FRANCORV o ET o AGL o REX, grande couronne au-dessus de HERI, et sous ce mot une fleur de lis et un léopard.

5 juin 1424, « nouvel bail de la monnoye de Pariz, des petitz deniers noirs, qui ont cours pour ung denier parisis la pièce, à 1 d. 12 gr. de loy A. R., et de 15 s. de pois au marc, fait en achat par Arnoullet Rame, maître particulier de ladite monnoye; acheté le marc d'argent aloyé à ladite loy, au prix de 116 s. t° le marc; délivré par Jehan Gente et Gerard de Vauboulon, gardes d'icelle monnoye; fait l'an 1424. »

Le 5 juin et le 7 juin 1424, 389 £. 10 s. de gros, de petit parisis.

Le 7 septembre 1424, 93 £.

Cela représente 90,840 pièces frappées.

Arch. nationales, registre en papier du carton Z, 1ª, 914.

Le 8 juin 1424, mention de Pierre Mandole, contre-garde de l'argent, à la monnaie de Paris.

Le 27 juin 1424, défense à Guillaume Gouvion, garde de la monnaie de Nevers, de partir de Paris.

A cette date, Jehan Ranier, garde de la monnaie de Chalon, est en prison.

Sorb., H, 1, 9, n° 174, 136 r°.

10 *août* 1424.

« Philippe, duc de Bourgoingne, conte de Flandres, d'Artois et de Bourgoingne, palatin, seigneur de Salins et de Malines, à notre bien amé Jehan de Plaine, général maistre de noz monnoyes, salut et dileccion. Il est venu à notre congnoissance que monseigneur le roy fait faire, forgier et monnoyer presentement en ses monnoyes deniers d'or appellez salus, qui ont cours pour vint deux solz six deniers tournois la pièce, à vint quatre caras, et un quart de carat de remède et de soixante-dix deniers de poix au marc de Paris, et fait donner à tous changeurs et marchans frequentans ses dictes monnoyes, pour chascun marc d'or fin, soixante-soze livres cinq solx tournois. — Pour ce est il que nous veuillons ensuiv et faire faire en notre monnoye de Dijon, telle et semblable monnoye d'or et d'argent que mondit seigneur le roy fait en ses monnoyes, vous mandons et, se mestier est, commectons que se de l'ouvraige dessus dit vous appert et en soyez duement informé, que en notre dite monnoye de Dijon vous faictes semblablement faire tantost, forgier et monnoier semblables deniers d'or appellez salus, des poix et aloy que dessus, et aux armes et caratère de mondit seigneur le roy, en faisant donner à tous changeurs et marchans frequentans ladite monnoye, pour chascun marc d'or fin qu'ilz livreront, semblable pris que en donne ou fera donner mondit seigneur le roy en ses dites monnoyes; et au maistre ou commis qui par vous sont ou seront ordonnez en notre dite monnoye de Dijon, tel et semblable brassage que l'on fait es monnoyes de mondit seigneur le roy, ou autre pris convenable, selon que par vous sera avisé. En envoyant par vous ausdiz maistres ou commis, et aux gardes de ladicte monnoye, les instruccions en la manière qu'il appartiendra. Et que de tout l'ouvraige que l'on fera, soient faiz propres papiers, registres et boisles, pour en faire et rendre compte en la manière qu'il est acoustumé de faire. De ce faire vous donnons povoir, auctorité, mandement et commandement especial. Donné en notre dite ville de Dijon le x⁰ jour d'aousl l'an de grâce mil quatre cens vint et quatre.

« Par monseigneur le duc ; vous présent.

« **T. Bouesseau.** »

Scellée à simple queue de parchemin pendant. (Sceau disparu.) Archives de la Côte-d'Or, Chambre des comptes de Dijon, Monnaies, B, 11210.

Le mardi 6 septembre 1424, «reçu de Guiot de Hanin, tailleur à la monnoie de Paris, 3 pères (*sic*) de fers pour les parisis noirs.

« Rendu à Guiot de Hanin, tailleur, le samedy 9⁰ jour de septembre, 13 paires de fers pour petits parisis noirs, l'an dessusdy.

« La livre de gros desdits parisis noirs poise 1 marc, 2 onces, 13 estellins et un tiers. »

Arch. nationales, reg. en papier du carton Z, 1ᴮ, 914.

Le samedi 9 septembre 1424, les généraux maîtres condamnent à l'amende Robert Auvert et Martin Marengue et Charlot Le Mercier, « à cause de certains doubles deniers blancs faits en icelle monnoie, durant le temps que ledit Charlot a tenu le compte d'icelle monnoie, lesquelx deniers ont esté trouvez de moindre loy que ne devoient estre. Martin Maringue paiera 50 liv. parisis et Robert Auvert 30 liv. seulement, pour considération qu'il a plus souffert de interest que ledit Martin. »

Arch. nationales, reg. Z, 1ᴮ, 3, 33 v⁰. — Sorb., H, 1, 9, n⁰ 174, 136 v⁰.

Vendredi 6 octobre 1424, mention de Pierre de Menin, tailleur de la monnaie d'Amiens, et de Désiré Wattin, lieutenant des gardes de ladite monnaie.

Arch. nationales, reg. Z, 1ᴮ, 3, 34 r⁰.

Le 11 octobre 1424, « rendu à Thevenin de Genillac ung fort denier doré, de la taille des deniers qui ont cours pour 10 d. tⁱ la pièce ».

Ibidem, 36 v⁰.

Le vendredi 27 octobre 1424, «Jehan Ravier, garde de la monnoie de Chaalons », est condamné à l'amende « pour faultes et negligences commises par lui ».

Ibidem.

Le 30 octobre 1424, Geufroy de Licheu (Lizieux), naguère garde de la monnaie de Châlons, condamné en 40 liv. parisis d'amende et puis modéré à 10 liv., etc.

Arch. nationales, reg. Z, 1ᵇ, 3, 35 rᵒ. — Sorb., H, 1, 9, nᵒ 174, 137 rᵒ.

Le 5 décembre 1424, mention de Robert Auvert, garde de la monnaie d'Arras.

Arch. nationales, reg. Z, 1ᵇ, 3, 36 rᵒ.

Le 26 décembre 1424, mention de Arnoulet Rame, naguère maître particulier de la monnaie de Paris.

Ibidem, 37 vᵒ.

Nouveau bail de petits parisis noirs, faits à Paris par Arnoullet Rame, maître particulier, en 1424.
Le 5 janvier 1424, 115 liv. 10 s.
Le 7 janvier 1425, 27 liv. 10 s.
Somme, 123 liv.
Cela représente 29,212 pièces frappées.

Arch. nationales, cahier de papier du carton Z, 1ᵇ, 914.

Le 12 février 1424, Regnault Tumery dit qu'il y a débat « entre Arnoulet Rame, naguère maître particulier de la monnoie de Paris, et Jehan de Fontenay qui icelle monnoye avoit derrenierement pris, à cause de ce que led. Arnoullet disoit et maintenoit que ledit Jehan de Fontenay devoit et estoit tenu prendre, par inventoire, tous les hostillemens, garnisons et autres choses appartenans au fait de l'ouvrage de lad. monnoye. »
Le mardi suivant, les généraux maîtres décident que Jehan de Fontenay prendra tout l'outillage inventorié.

Arch. nationales, reg. Z, 1ᵇ, 3, 38 vᵒ.

Le jeudi 15 février 1424, on examine l'information faite contre Jehan de Breban, naguère maître particulier ou tenant le compte de la monnaie de Saint-Quentin; on le soupçonne d'avoir envoyé une grande quantité de billon hors de la monnaie de Saint-Quentin « au préjudice du Roi et de la chose publique, et au retardement de l'ouvraige d'icelle monnoie ».

Mention de Jehan Housse, garde de la monnaie de Saint-Quentin. De l'information en question, il résulte qu'il court « au pays de par delà, de faux doubles t*, faits à Guise, en plus grand nombre que des bons, » etc.

Arch. nationales, reg. Z, 1ᴮ, 3, 39 et 40. — Sorb., H, 1, 9, n° 174, 138 r°.

Au mercredi 21 février 1424, Guchher Vivien tient le compte de la monnaie de Paris, pour Pierre de Landes.

Arch. nationales, reg. Z, 1ᴮ, 3, 40 r°.

Au 24 février 1424, Pierre de Landes a mis à prix la monnaie de Paris, pour Jehan de Fontenay. Arnoullet Rame, naguère tenant le compte de la monnaie de Paris, est autorisé à y affiner.

Ibidem, 41 r°. — Sorb., H, 1, 9, n° 174, 138 v°.

Le 6 mars 1424, Francorin Sat (ou Sac) est adjudicataire de la monnaie d'or de Paris, et Jehan de Fontenay, de celle d'argent.

Sorb., H, 1, 9, n° 174, 5 v°.

6 mars 1424.

A Dijon, saluts d'or fin de 22 s. 6 d. t*, de 70 au marc, faits par Andriet de Vailly, commis à la maîtrise, du 6 mars 1424 au 30 juin 1425. — 600 pièces frappées.

Arch. de Dijon, reg. B, 11213, f° 14 v°.

Le 7 mars 1424, Francorin Sac (ou Sat), bourgeois de Paris, reconnaît « avoir prins et retenu de honnorables hommes et saiges les generaulx maistres des monnoyes du Roy notre sire, la monnoye d'or de la ville de Paris ».

Ses pleiges sont sire Jehan Sac et sire Augustin Ysebarre, bourgeois de Paris, pour la somme de 4,000 liv. t*.

Arch. nationales, carton Z, 1ᴮ, 362.

En 1425, Gervaisot Lalier, procureur de Silvestre Le Cheriat, prend pour un an la monnaie d'or et d'argent de Troyes et d'Auxerre. Il fera 4,000 marcs d'œuvre à Troyes, et 2,000 à Auxerre.

Sorb., H, 1, 9, n° 174, 14 v°.

En la même année, «Aymé Penet, de Bourg en Bresse, demeurant à Mâcon, est commis pour un an à la maîtrise, par Estienne Pronin et Guillaume Revandeur, gardes de lad. monnoie de Mâcon ».

Ibidem, 44 v°.

En 1425, Hugues de Pognes, marchand de Nevers, est nommé pour un an à la maîtrise de cette monnaie.

Sorbonne, H, 1, 9, n° 174, 18 r°.

En la même année, Jehan de Caumont est nommé pour un an à la maîtrise de la monnaie de St-Lô, par Jehan le Goupil, général maître.

Ibidem, 39 v°.

Le 24 mai 1425, Robin Bachelier met à prix pour un an, à la chambre des notaires, la monnaie d'or et d'argent d'Arras, au nom de Robin Martin, demeurant audit lieu.

Ibidem, 43 r°.

Le 2 juin 1425, permis à Jaquin Langlois, contre-garde de la monnaie d'or de Paris, de loger à la monnaie, jusqu'au mois de novembre prochain, son fils, changeur sur le Grand-Pont. Mention d'Estienne Luillier, naguère maître particulier de la monnaie de Châlons.

Ibidem, 138 v° et 139 r°. — Arch. nationales, reg. Z, 1ᵃ, 3, 46 v°.

Le 22 octobre 1425, ordonnance royale pour faire « de nouvel » une monnaie au Mans. « Comme de nouvel la ville du Mans soit réduite et mise en notre obéissance, par l'advis de notre très cher et très amé oncle Jehan regent notre Royaume de France, Duc de Bedford, voulons et ordonnons estre faicte et édifiée de nouvel, en ladite ville du Mans, une monnoye en laquelle soit faicte, ouvrée et monnoyée autelle et semblable monnoye d'or et d'argent, que nous faisons et ferons faire en noz autres monnoyes, en mettant et establissant de par nous tous les offciers qu'il conviendra en lad. monnoye, aux gages acoustumez, » etc.

Arch. nationales, reg. Z, 1ᵃ, 60, 3 v°. — Sorb., H, 1, 13, n° 173, 15 r°.

Le 26 octobre 1425, ordre aux généraux maîtres « pour bailler des fers à la monnoye du Mans, faicts par le tailleur de la monnoye de

Paris, sçavoir: deux paires de fers pour deniers d'or nommez saluts, que nous faisons faire en nos autres monnoyes; six paires pour grands blancs de 10 d. t° pièce, petits deniers blancs aians cours pour 5 deniers t° pièce, et deux paires pour petits deniers tournois aians cours pour 1 d. t°, et les delivrez à nos améz et feaux Jehan Pophin, chevalier, chancelier de notre très cher et très amé oncle Jehan, regent notre Royaume de France, Duc de Bedford, et Jehan Ffastolf, grand maistre de l'hostel de notre oncle, et gouverneur d'Anjou et du Mayne, » etc.

Arch. nationales, reg. Z, 1ᵇ, 60, 3 rᵒ et 4 vᵒ. — Sorb., H, 1, 13, nᵒ 173, 15 vᵒ. — Sorb., H , 1, 9, nᵒ 174, 139 vᵒ.

Le 15 juillet 1425, Gervaisot Lallier, commis procureur de Silvestre Le Cheriat, prend pour un an la monnaie d'Auxerre, avec celle de Troyes.

Sorb., H, 1, 9, nᵒ 174, 16 rᵒ.

Le lundi 13 août 1425, mention de Pierre Poilet, contre-garde de la monnaie de Saint-Quentin ; mention de Jacquotin du Pré qui a pris possession de la maîtrise de cette monnaie, le 12 juillet 1423.

Arch. nationales, reg. Z, 1ᵇ, 3, 52 vᵒ.

Le mercredi 22 août 1425, mention de François Sac, maître particulier de la monnaie d'or de Paris.

Ibidem, 53 vᵒ.

Le mardi 28 août 1425, Gerard de Vauboulon et Jehan Gente, gardes de la monnaie de Paris, sont mis à l'amende pour avoir fait le 7 mai précédent une délivrance de grands blancs mauvais; 15 liv. de ces grands blancs ont été trouvés hors des remèdes et sont refondus.

Ibidem, 54 rᵒ.

Le mardi 11 septembre 1425, Pierre Poillet, contre-garde de la monnaie de Saint-Quentin, est arrêté à Paris.

Arch. nationales, reg. Z, 1ᵇ, 3, 54 vᵒ.

Le 3 octobre 1425, mention de Guiot Luillier et de Jehan de la Porte, gardes de la monnaie de Châlons.

Ibidem, 55 et 56.

Le samedi 27 octobre 1425, « furent baillez à messire Jehan Po-
pan (sic), chevalier, chancelier de Mgr le Regent, et de messire
Jehan Falstalf (sic), chevalier, grand maistre d'ostel dudit seigneur,
deux paires de fers à monnoyer saluz, six paires de fers à monnoyer
grans blancs, deux paires de fers à monnoyer petiz blancs et deux
paires à monnoyer petiz tournois, dont lesd. seigneurs firent lettre
de recognoissance, laquelle est au petit coffre rouge. »

En marge est écrit : « Bail des fers pour le fait de la monnoie
du Mans. »

Ibidem, 57 r°.

Le lundi 29 octobre 1425, mention d'Audibert Catin, « pleige de
Colin du Pont le jeune », pour la prise de la monnaie de Nevers.

Ibidem, 57 r°.

Novembre 1425, Jehan Morin, bourgeois du Mans, est nommé
pour un an maître particulier de la monnaie de cette ville, par
« messire Jehan Pophin (sic), chevalier, messires Guillaume Le
Duc et Richard Ruault, conseillers du Roy, notre sire. »

Sorb., H., 1, 9, n° 174, 15 r°.

Le 8 novembre 1425, « fut baillé par messires les généraux maîtres
des monnoyes à maistre Jehan de Drosey, notaire et secrétaire du
Roy, plusieurs instructions et mémoires, pour les officiers nouvellement ordonnez en la monnoye du Mans, pour iceux porter au chancelier de M. le Régent, et au gouverneur d'Anjou et du Mayne. »

Arch. nationales, reg. Z, 1ᵇ, 3, 58 r°. — Sorb., H, 1, 9, n° 174,
139 v°.

Au mois de novembre 1425, « fut ordonné faire ès deniers d'or nomez
salus et angeloz, grans blancs et autres monnoyes d'argent qui seront
faictes et ouvrées en la monnoye nouvellement ordonnée en la ville
du Mans, au commencement de la lettre du tour du denier, une racine pour différence.

« Item, fut ordonné faire ès deniers d'or nomez salus et angeloz,
grans blancs et aultres monnoyes d'argent qui seront faictes et ouvrées
en la monnoye de Rouen, au commencement de la lettre du tour du
denier, ung liépart pour différence.

« Et semblablement fut ordonné faire ès deniers d'or nomez salus et
angeloz, grans blancs et autres monnoyes d'argent qui seront faictes

6

et ouvrées en la monnoye de la ville de Saint-Lô, au commencement de la lettre du tour du denier, une fleur de lis pour différence. »

Registre entre deux ais, 80 r°.

Le 17 novembre 1425, « fut adressé au prevost de Paris l'ordre de faire prendre les monnoies de Flandres, scavoir : la plaque pour huit doubles seulement, dont les trois valent un petit blanc, et les demies plaques que l'on appelle gros de Flandres, que pour quatre desd. doubles. »

Cette ordonnance fut publiée à Paris le même jour.

Arch. nationales, reg. Z, 1 _, 60, 4 r° et v°. — Sorb., H, 1, 13, n° 173, 15 r°.

22 décembre 1425. Mention de Jehanne, mère de feu Colin du Pont le jeune, veuve de feu Jehan du Pont.

Nota. Ce Colin du Pont le jeune était maître particulier de la monnaie d'Auxerre.

Arch. nationales, reg. Z, 1 ᴮ, 3, 60 v°.

Le 15 janvier 1425, Pierre Poilet, contre-garde de la monnaie de Saint-Quentin, est remis en liberté.

Arch. nationales, reg. Z, 1 ᴮ, 3, 61 r°.

Le 16 janvier 1425, mention de « Andry de Wally, naguère garde de la monnoie de Dijon ».

Ibidem, 60 v°.

Le 31 janvier 1425, mention de Pierre de Ravenel, tenant le compte de la monnaie de Saint-Quentin.

Ibidem, 61 v°.

Le 21 janvier 1425, mention de Jehan Blancpain, tailleur de la monnaie d'Arras, et de Pierre de Menin, tailleur de la monnaie d'Amiens.

Ibidem, 62 v°.

Le vendredi 22 mars 1425, les généraux maîtres commettent à la maîtrise de l'or de Paris, Renault Tumery, changeur sur le pont de Paris, « jusques autrement en fut ordonné ».

Ibidem, 63 v°. — Sorb., H, 1, 9, n° 174, 139 v°.

En 1426, Colin de Chousses est nommé pour un an à la maîtrise de Troyes.

Sorb., H, 1, 9, n° 174, 14 v°.

Id. — Jehan de Breban, naguère tenant le compte de la monnaie de Saint-Quentin, pour Gerart de Drac, pour un an. — *Ibid.*, 45 v°.

Id. — Aunet Kart, nommé pour un an par les gardes, à la maîtrise de Mâcon. — *Ibid.*, 44 v°.

Id. — Lucas Morin, nommé pour un an au Mans; la monnaie lui est adjugée *à la chandelle* — *Ibid.*, 15 v°.

Id. — A Nevers, Hugues de Pognes, nommé pour un an par les gardes. — *Ibid*, 18 r°.

Id. — A Châlons, Jehan de Sepsaux, nommé pour un an *à la chandelle. — Ibid.*, 17 v°.

Id. — A Saint-Lô, Jehan Marcel et Jehan de Caumont, nommés pour un an par messire Robert Gaultier, général maître. — *Ibid.*, 38 v°.

En 1426, à Auxerre, Thevenin Boursier, nommé maître particulier pour un an.

Sorb., H, 1, 9, n° 174, 16 r°.

Id. — A Saint-Quentin, Jehan Blondeau nommé pour un an, aux enchères, à la chandelle.

Ibidem, 46 r°.

Le 5 avril 1426 (Pâques étant cette année le 31 mars): « Il est apparu par certifficacion de Jehan Ravier (ou Ranier) et Cardin Sauvage, gardes de la monnoye de Chaalons, donnée le 5° jour d'avril 1426, que le dernier jour de mars 1425, Estienne Luilier, naguères maistre particulier de ladite monoye, livra à Jehan Brisset, à présent tenant le compte d'icelle monoye, une cendrée d'argent poisant 35 marcs 15 esterlins, revenue à l'essay à 11 d. 18 grains fin, laquelle cendrée est yssue de plusieurs laveures, plates et plomb appartenant audit Estienne. »

Arch. nationales, reg. Z, 1ᴮ, 65 r°.

Le 10 avril 1426, après Pâques, Thevenin Marcel est nommé pour un an à la maîtrise de Rouen.

Sorb., H, 1, 9, n° 174, 11 r°.

Le mercredi 10 avril 1426, « la monoye d'or de Paris est adjugée à

Pierre Fromont, et la monoye d'argent à Jehan de Fontenay. »
Ibid., 5 v°.

Le même jour « fut enjoint à Jehan Gente, garde de la monoye
de Paris, de faire l'office de contregarde de l'argent, pour Pierre
Mandole, pour ce qu'il ne exersoit pas diligemment ledit office. »
Arch. nationales, reg. Z, 1 ᴮ , 3, 64 r°.

Le 22 avril 1426, « ordre du Roy, pour bailler fermées à la chan-
delle, les monnoyes de Troyes, Chaalons, Auxerre, Nevers, Arras,
Saint-Quentin et Mâcon. »
Arch. nationales, reg. Z, 1 ᴮ , 60, 7 v° et 8 r°.

Le 24 avril 1426, « fut ordonné au comptouer, à Guiot de Hanin,
tailleur de la monnoye de Paris, de faire pour differance ès fers des
deniers d'or nommez salus, devers la croix, soubz le **T** de **REGNAT**,
un point. »
Arch. nationales, reg. Z, 1 ᴮ , 3, 64 v°.

Ce fait est exposé de la manière suivante au Registre entre deux
ais (159 v°) :

« Le 24ᵉ jour d'avril 1426, après ce que Regnault Tumery ot mis à
pris la monoye d'or de Paris pour Perrin Fromont, fut ordonné
faire pour différence, le temps d'ycelle prise, ès fers des deniers
d'or nômez saluz, devers la croix, soubz le **T** de **REGNAT**, ung
point, et ne fut faict aucun ouvraige par ledict Regnault, avant la
dicte difference. »

Le 29 avril 1426, Robin Bachelier est nommé, pour un an, maître
particulier de la monnaie d'Arras.
Sorb., H, 1, 9, n° 174, 43 r°.

Le 15 mai 1426, Jehan Gente, garde de la monnaie de Paris, est
de nouveau commis à « faire et exercer l'office de contregarde de
l'argent de ladite monnoye, pour et au lieu de Pierre Mandole, aus
droiz, prouffiz et esmolumens acoustumez, par ce que ledit Mandole
ne exersoit pas ledit office. »
Arch. nationales, reg. Z, 1 ᴮ , 3, 65 v°.

Au 26 mai 1426, les gardes de la monnaie d'Amiens sont Jehan
de Vaux et Hue de Lermes (ou Lesmes).
L'essayeur de la monnaie d'Arras est Mahier Dacier.
Sorb., H, 1, 9, n° 174, 140 v°.

Lundi 27 mai 1426 :

« Veu le procez fait à l'encontre de Jehan de Breban, naguères
tenant le compte de la monnoye de Saint-Quentin pour Gérard
du Drac, appointé a esté au comptouer que ledit de Breban payera
au Roy notre sire, 60 liv. t., parce qu'il a pris à ferme la monoye
d'or et d'argent d'Amiens pour ung an, commençant le jour du
1er monnoiage, pendant lequel temps il sera tenu faire ouvrer en
icelle monoye 300 marcs d'or et et 1000 marcs d'argent, et ne seront
en ce compris les marcs d'argent qui pourront estre livrez dedans
ledit temps, en ladite monoye, par condempnacions survenues en
viel, etc., et en obtempérant ad ce que dit est, le 19e jour dudit
mois de may, ledit Jehan de Breban mist à pris ladite monoye
d'Amiens pour ung an, » etc.

Arch. nationales, reg. Z, 1ᴮ, 3, 66 et 67.

Le lundi 17 juin 1426 :

« Délibéré que pour considéracion des pertes et peines que Robert
Auvert et Martin Marengue, gardes de la monoye d'Arras, avoient
souffert, ilz exercceroient et feroient doresenavant leurs diz offices
pareillement qu'ilz faisoient avant la deffense à eulx faicte, et que
sur ce seroit escript à ceulx qui estoient commis ès diz offices, qui
leur rendissent et restituassent leurs clefs. »

Ibidem, 68 v°.

Le mardi 18 juin 1426, « fu donné congé à Jehan de Breban,
maître particulier de la monoye d'Amiens, de faire fait de change
en la ville d'Amiens seulement, durant le temps qu'il sera maître
particulier.»

Ibidem, 69 r°.

Monnoyage d'Amiens.

Du 2 août 1426 au 13 juillet 1427, Jehan de Breban a frappé
15,400 saluts.

Du 14 septembre 1427 au 14 novembre 1428, Jaquet Clément,
pour qui Guillaume Ruissel a tenu le compte de la monnaie, a
frappé 36,200 saluts.

Du 26 novembre 1428 au 9 décembre suivant, Guillaume Ruissel,
exerçant en régie, a frappé 5,000 saluts.

Du 16 décembre 1428 au 13 janvier suivant, Simonnet Clément en a frappé 5,400.

Du 25 janvier 1428 au 25 janvier 1129, Pierre Grumeau en a frappé 36,600.

Du 28 janvier 1429 au 28 janvier 1430, Jehannin Grumeau le jeune, pour qui Pierre Grumeau tenait le compte de la monnaie, en a frappé 21,400.

Du 4 février 1430 au 27 janvier 1431, Guillaume Ruissel en a frappé 20,600.

Du 31 janvier 1433 au 23 décembre 1434, Jacques aux Cousteaulx en a frappé 33,400.

Du 11 février 1434 au 17 novembre 1435, Jehan Warnier en a frappé 33,400.

L'un des gardes était, à cette époque, Jehan de Vaulx.

En résumé, il a été frappé à Amiens, du 2 août 1426 au 17 novembre 1435, 203,400 saluts.

Arch. nationales, reg. 1380, du carton Z, 1ᵇ, 815.

Au 9 août 1426, Andry de Wailly, naguère garde de la monnaie de Dijon, est en procès avec Guerart de Rousseloy.

Arch. nationales, reg. Z, 1ᵇ, 3, 71 rº.

Le 21 août 1426, Jehan de Vaux et Huet de Lesmes, gardes de la monnaie d'Amiens, prêtent serment.

Ibidem, 71 rº.

Le même jour, Mahieu Dacier, nommé essayeur de la monnaie d'Arras, prête serment.

Ibidem, 71 vº.

Le 22 août 1426, mandement du Roi aux généraux maîtres, pour « bailler pour un an les monnoies de Troyes, Chaalons, Auxerre, Nevers, Arras, Saint-Quentin et Mascon, fermées à la chandelle ».

Sorb., H, 1, 13, nº 173, 15 vº.

Le mercredi 11 septembre 1426, Colin Ruissel, naguère tenant le compte de la monnaie de Paris, réclame l'autorisation d'extraire l'argent de quantité de vieux creusets, d'écuelles de terre où on avait affiné or, plusieurs pièces de plomb de coulée d'affinage, grande quantité de cendres et lavures provenant de l'exercice de la maîtrise. Cette autorisation lui est accordée.

Arch. nationales, reg. Z, 1ᵇ, 3, 73 rº.

Le 18 septembre 1426, la monnaie de Troyes est adjugée à la chandelle, à Colin de Chousses.

Ibidem, 73 v°.

Le lundi 23 septembre 1426, mention de Pierre Grumeau, naguère maître particulier de Saint-Quentin, de Dreux Grin, garde, et de Pierre Poillet, contre-garde.

Ibidem.

Le 15 octobre 1426, ordonnance pour défendre la monnaie blanche que « Charles qui se dit Daulphin, notre adversaire, » fait faire, et de la recevoir, sous peine de confiscation et d'amende.

Arch. nationales, reg. Z, 1ᴮ, 60, 9 v° et 10 r°. — Sorb., H, 1, 13, n° 173, 15 v°.

Le 6 novembre 1426, Robert le Cordier, dit Morelet, est nommé contre-garde de l'argent de la monnaie de Paris, au lieu de Pierre Mandole.

Sorb., H, 1, 9, n° 174, 140 v°.

« Le 12ᵉ jour de novembre 1426, feust faict l'ouvraige qui ensuyt : petitz parisis noirs, à 1 d. 12 gr. de loy, de 1 d. 1 gr. de poix, au for de 180 pièces au marc, ayans cours pour 1 d. pite tᵉ. »

La figure annexée donne : couronnelle, PARISIVS · CIVIS; ℟. FRANCORVM ET ANGL. REX; dans le champ, HĒRI sous une grande couronne.

Ms. fr. 5524, 128 r°.

Le 20 novembre 1426, un tarif des monnaies autorisées est adressé au prévôt de Paris; ce sont :

> Le salut d'or.
> Le noble.
> Le demi-noble.
> Le quart de noble.
> Le grand blanc.
> Le petit blanc.
> Le denier parisis.
> Le denier tournois.

« Et en oultre pour ce que nous sommes informez que, ès doubles faictz en nostre pays de Normandie, n'a esté trouvé aucune contrefaçon ou mauvaiseté, ils courront donc les trois pour ung petit blanc et non aultres, etc.

Arch. nationales, reg. Z, 1ᴮ, 60. 13 rᵒ à 14 vᵒ. — Sorb., H, 1, 13, nᵒ 173, 15 vᵒ. — Ord. XIII, 120.

Le jeudi 21 novembre 1426, Jehan de Caumont, maître particulier de la monnaie de Saint-Lô, passe procuration à Jehan Marcel, de Rouen, auquel il donne pouvoir d'ester et comparoir pour lui en toutes ses causes, et rendre et affiner ses comptes.

Arch. nationales, reg. Z, 1ᴮ, 3, 76 ιᵒ.

Le vendredi 29 novembre 1426, mention de Jehanne veuve de feu Guiot de Hanin (tailleur de la monnaie de Paris).

Arch. nationales, reg. Z, 1ᴮ, 3, 76 vᵒ.

Le 13 décembre 1426, ordre à Sevestre le Cheriat de s'acquitter sans délai de ce qu'il doit au Roi et aux changeurs, pour les monnaies d'Auxerre et de Troyes. La première année d'Auxerre finit le 1ᵉʳ juin 1424, et la seconde le 29 juillet 1425. Pour Troyes, il doit pour l'année finissant au mois d'août 1426.

Arch. nationales, reg. Z, 1ᴮ, 60, 11 rᵒ à 12 vᵒ.

Le mercredi 11 décembre 1426, mention d'Annet Viard, d'Estienne Peronin et Guillaume Reveneur, gardes de la monnaie de Mâcon, et de la veuve de feu Jehan Furet (maître particulier).

Arch. nationales, reg. Z, 1ᴮ, 3, 77 rᵒ.

Le 30 décembre 1426, nouveau bail de la monnaie de Paris, pour « petiz parisis noirs, aux armes de France et d'Angleterre, à 1 d. 12 gr. de loi et de 15 s. de poix (180 pièces), faicts en achat par Jehan de Fontenay, maître particulier, pour lequel Pierre de Landes a tenu le compte de la monnoie, comme pleige dud. Fontenay » (les gardes sont toujours Jehan Gente et Gerard de Vauboulon).

Du 30 décembre 1426 au 3 janvier suivant, en quatre délivrances, 788 liv.

Du 6 janvier 1426 au 13 du mois, 1,723 liv., sur lesquelles 60 liv. ont été refondues comme mal ouvrez, fandus et mal monoyez.

Total, 596,362 frappées.

Arch. nationales, reg. en papier du carton Z, 1ᴮ, 914.

Le 30 décembre 1426: « Receu de Jehan Blancpain, tailleur de la monnoie de Paris, trente et une paires de fers pour petits parisis noirs.

«Rendu audit tailleur, le 24 janvier l'an dessusdit, trente et une paires et deux piles. »

Ibidem.

L'ordre royal de frapper ces petits deniers parisis est daté du 31 décembre 1426. Ces deniers parisis seront « de la forme, poix et loy qui vous a esté ordonné, » etc.

Arch. nationales, reg. Z, 1ᴮ, 60, 12 v°.

Le 1ᵉʳ janvier 1426, le cours des écus et moutons et autres monnaies d'or est défendu, excepté les nobles et saluts qui doivent se prendre pour le poids de l'or.

Sorb., H, 1, 11, 166 *bis*, petit cahier inséré dans le registre.

Le dimanche 5 janvier 1426, l'ordre de retirer de la circulation les doubles faits aux armes de France et de Bourgogne est exécuté par huit changeurs délégués pour cela. Ils donneront au peuple un denier parisis pour un bon double.

Arch. nationales, reg. Z, 1ᴮ, 3, 77 et 78.— Sorb., H, 1, 9, n° 174, 140 v°.

Cet ordre fut publié à Paris le mardi 7 janvier 1426. Il y était ajouté : «Item n'est pas l'intention du Roy et de son conseil, que les petits tournois blancs à une fleur de liz, ne soient prins et mis pour ung tournois la pièce, et deux noiretz pour ung des petiz tournois, comme l'on faisoit paravant. »

Arch. nationales, reg. Z, 1ᴮ, 60, 14 v° et 15 r°.

Le 8 janvier 1426, ordre de mettre aux enchères la monnaie d'argent de Paris, que Remon Marc, marchand bourgeois de Paris, et Arnoul Rame, changeur, ont mise à prix.

Arch. nationales, reg. Z, 1ᴮ, 60, 12 r° et 13 v°. — Sorb., H, 1, 13, n° 173, 15 v°.

Le 9 janvier 1426, elle est adjugée à Remon Marc et à Arnoullet Rame.

Arch. nationales, reg. Z, 1ᴮ, 3, 73 r°. — Sorb., H, 1, 9, n° 174, 140 v°.

Le vendredi 17 janvier 1426, il est signifié aux changeurs que la

monnaie de Saint-Quentin va être baillée à la chandelle; en conséquence Jehan de la Grange, au nom d'Estienot Lembert, la met à prix.

Arch. nationales, reg. Z, 1ᵇ, 3, 78 v°.

Le lundi 10 février 1426, la monnaie de Saint-Quentin est adjugée
à Jehan Blondeau, dernier enchérisseur.

Arch. nationales, reg. Z, 1ᵇ, 3, 80 r° et v°.

18 février 1426.

Grands blancs aux deux écus, faits à Dijon par Oudot Douay,
maître particulier. Du 18 février 1426 au 14 mars suivant,
45,000 frappés.

Arch. de Dijon, reg. B, 11215, f° 99 r°.

Par le même, «petiz blans de 5 d. t., à 5 d. de loy A.R. et de 12 s.
6 d. de taille» (150 au marc). Du 12 février 1426 au 24 mars suivant, 5,000 frappés.

Ibidem, f° 100 r°.

Les gardes sont Girart Mariot et Amiot Clerembault.
Le contre-garde, Aubry le Vicaire.

Ibidem, f° 101 r°.

« A Jehan Daast, orfevre demourant à Dijon, la somme de 10 liv. t.
sur la façon des patrons de saluz d'or, grans blans, petiz blans et
petiz deniers, et aussi des gectouers dont plus à plain est faicte
mencion en une requeste dudit Jehan Dast (*sic*), au dos de laquelle
est escripte une certifficacion de Jehan de Plainne, général maistre
des monnoyes de Monseigneur, » etc.

Ibidem, f° 101 r°.

Le vendredi 28 février 1426, mention de Jehan Gobert commis à
l'office de garde, et de Thevenin Boursier, maître particulier de la
monnaie d'Auxerre.

Arch. nationales, reg. Z, 1ᵇ, 3, 81 v°. — Sorb., H, 1, 9, n° 174,
141 r°.

Le 5 mars 1426 « fut ordonné au comptouer, que durant le temps
que Jehan Blondeau tendra la monoye de Saint-Quentin, sera mis

pour différence, ès fers des grans blans, tant devers la croix comme devers la pille, soubz la XVIᵉ lettre ung point. »

Reg. entre deux ais, 159 v°.

Le jeudi 27 mars 1426, « Jehan Gobert, commis à l'office de garde de la monnoye d'Auxerre, prisonnier par la ville de Paris, fut eslargi en estat, jusques au premier jour plaidoyable, après la Saint-Jehan prouchain venant, parmy ce qu'il promist estre en personne en la Chambre des monnoyes, dedans ledit jour, pour veoir parfaire et acomplir le jugement de certaines boistes d'argent faictes en ladite monoye, tant par Sevestre le Cheriat comme Thevenin le Boursier, et avecques ce lui fut enchargié que dedans ledit jour il fit venir à Paris Jehan Bernier, autre garde d'icelle monnoye, pour estre semblablement audit jugement, » etc. Le même jour Thevenin Boursier est également élargi et assigné à la même date que les gardes.

Arch. nationales, reg. Z, 1ᵇ, 3, 84 r°.

5 avril 1426, avant Pâques.

A Dijon, blancs aux deux écus à 5 d. A.R. et de 6 s. 3 d. de taille, faits en commission par Amiot Clerembault, du 5 avril 1426 avant Pâques, au 17 mai 1427; 112,000 frappés.

Les gardes sont Girard Mariot et Amiot Clerembault.

Le tailleur est Andriet de Veely (Wailly).

Le contre-garde, Aubry le Vicaire, nommé par lettres patentes du 9 juillet 1422.

Arch. de Dijon, reg. B, 11215, fᵒˢ 103 à 104 v°.

Mêmes grands blancs par Philippe de Luxenay (alias Lucenay), maître particulier. Du 20 mai 1427 au 30 septembre suivant, 119,000 frappés.

Ibidem, 105 r°.

« Deniers noirs appellez deniers tournois, à 1 d. 12 gr. de loy et de 18 s. 9. d. de taille (225 au marc), faits par Jehan de Luxenay, fils de feu Philippe de Luxenay, le 23 octobre 1427. » 30 marcs d'œuvre; 6,750 frappés.

Les officiers de la monnaie sont les mêmes que ci-dessus.

Ibidem, f 105 v°.

Mêmes grands blancs aux deux écus « par Andriet de Vailly, commis au gouvernement de la monnoye ». Du 10 juillet 1427 au 21 du même mois, 6,000 frappés.

Ibidem, f° 106 v°.

En 1427, à Paris, Germain Vivien et Jacques Vivien frères, marchands et bourgeois de Paris, sont adjudicataires de la monnaie.

Sorb., H, 1, 9, n° 174, 5 v°.

Id., à Amiens, Robin Clément, changeur à Paris, au nom de Jacques Clément son frère, est commis pour un an, par les généraux, aux enchères à la chandelle.

Ibidem, 45 v°.

En 1427, à Saint-Lô, Jehan de Caumont, bourgeois de Saint-Lô, est nommé pour un an par les gardes Colin Verrot et Guillaume Boutebost.

Sorb., H, 1, 9, n° 174, 38 v°.

Id., au Mans, Lucas Morin, nommé pour un an par les gardes.
Ibidem, 15 v°.

Id., à Nevers, Pierre Molet est nommé pour un an.
Ibidem, 18 r°.

Id., à Rouen, Thevenin Marcel, pour un an.
Ibidem, 11 v°.

Id., à Troyes, Huguenin le Muet est nommé pour trois ans.
Ibidem, 14 v°.

Le lundi 28 avril 1427, mention de Regnault Tumery, maître particulier de la monnaie d'or de Paris, et de Jehan Blancpain, tailleur.

Arch. nationales, reg. Z, 1ᵇ, 3, 84 v° et 88.

Le 24 mai 1427, « mandement pour faire petits deniers d'or fin, appellez angelotz, lesquelz auront cours les 3 pour 2 salutz d'or que nous faisons de présent faire en nosdites monnoyes de France, de 105 deniers d'or au marc de Paris, au remède desdits deniers d'or nommez salutz.... si vous mandons que tantost et sans delay ces lettres veues, vous faictes faire et ouvrer, par toutes et chacune de nosdites monnoyes, lesdits deniers d'or. »

Arch. nationales, reg. Z, 1ᵇ, 60, 15 r° et v°. — Sorb., H, 1, 13, n° 173, 15 v°.

Le lundi 2 juin 1427, accordé « à Regnault Thumery, tenant le compte de la monnoye de Paris, qu'il puisse tenir ladite monnoye jusques au 1er jour de juillet prouchain venant, parmy ce qu'il n'aura de ce qu'il ouvrera, jusques audit jour, que le prix à quoy elle sera mise audit 1er jour de juillet. »

Arch. nationales, reg. Z, 1ᴮ, 3, 88 rº.

Le Ms. Fr. 4533 (61 rº) met au 24 mai 1427 les « petitz deniers d'or fin appellez angelotz, les 3 pour 2 salutz, » de 105 au marc.

1427. « Par le compte de Pierre Fromont, fermier de ladite monnoye (de Paris) en 1427, appert luy estre alloué les forts deniers, angelotz d'or, ouvrages et façons d'iceux distribués ausdits secrétaires généraux des monnoyes. »

Ms. Fr. 21435, 108 rº, à la Bibliothèque nationale.

« Par autre compte dudit Fromont de l'an 1427, appert lui estre alloué les forts deniers, angelots d'or, ouvrages et façons d'iceux distribués à MMʳˢ comme dessus, et outre, les deniers forts d'écus du poids de 4 écus, pour les droits et nouveaux piéds desdits escus nouvellement fabriqués. »

Ibidem, 108 vº.

Le Ms. Fr. 5524, 128 rº, met également au 24 mai 1427 la fabrication des angelots d'or.

Le 23 juin 1427, ordre du Roi au prévôt de Paris, de faire crier les angelots créés par l'ordonnance du 24 mai 1427.

Arch. nationales, reg. Z, 1ᴮ, 60, 16 vº.

Leblanc (Tableaux) place au 24 juin 1427, l'angelot d'or fin, de 105 au marc, valant 15 s. t.

Le 10 juillet 1427, Thierry Noy est nommé essayeur de la monnaie de Paris.

Sorb., H, 1, 9, nº 174, 141 vº.

Le 8 août 1427, mandement au prévôt de Paris pour « abattre le cours aux écus et aux doubles faits aux armes de France, » etc.

Arch. nationales, reg. Z, 1ᴮ, 16 rº et vº. — Sorb., H, 1, 13, nº 173, 15 vº.

Le mardi 19 août 1427 « fut donné congié à Guillaume Ruissel, tenant le compte de la monnoie de Saint-Quentin, et à ses facteurs, de cueillir et acheter tout billon d'or et d'argent és villes estans ès mettes de la monnoie d'Amiens, durant le temps que en icelle monnoye n'aura point de maistre particulier, pour icellui billon porter en ladite monnoye de Saint-Quentin, pour y estre ouvré comme il appartient. »

Arch. nationales, reg. Z, 1ᴮ, 3 94, rᵒ.

Le mercredi 9 septembre 1427, «fut baillé à Jehan Brisset, tenant le compte de la monnoie de Chaalons, deux pilles et quatre trousseaux à monnoyer saluz d'or, lesquels il promit porter et bailler aux gardes de ladite monnoye. »

Arch. nationales, reg. Z, 1ᴮ, 3, 94 rᵒ.

4 septembre 1427, «entre Adam Ravier, demandeur, et Jehan Brisset, défendeur, sur ce que ledit Adam disoit et proposoit que, en l'an 1421, il avoit tenu le compte de la monnoye de Chaalons. »

Ibidem.

Jehan Gente, garde de la monnaie de Paris, fut commis par les généraux maîtres des monnaies, «à faire et exercer l'office de contre-garde de la monnoie d'argent de Paris, pour et au lieu de Robert Le Cordier, dit Morelet, pour aucunes. causes, jusques ad ce que autrement en feust ordonné ».

Ibidem.

Le 18 septembre 1427, ordre aux généraux maîtres de bailler pour un an la monnaie d'Amiens.

Arch. nationales, reg. Z, 1ᴮ, 60, 16 vᵒ et 17 rᵒ. — Sorb., H, 1, 13, nᵒ 173, 15 vᵒ.

7 novembre 1427, mention de Guion Luilier et de Perrenet de Troyes, ayant tenu pour lui le compte de la monnaie d'Amiens.

Arch. nationales, reg. Z, 1ᴮ, 3, 97 rᵒ.

Le samedi 17 janvier 1427, «Remond Marc, tenant le compte de la monnaie d'argent de Paris, dit au comptouer que le lundi suivant le temps de son année finit». Il demande à achever l'ouvrage commencé, sans être tenu pour cela de continuer à diriger la monnaie. Les généraux maîtres le lui accordent.

Nota. Ce lundi était le 19 janvier.

Arch. nationales, reg. Z, 1ᴮ, 3, 103 vᵒ.

A la date du jeudi 5 février 1427, Gaulcher Vivien est maître particulier de la monnaie d'argent de Paris.

Ibidem, 104 v°.

Le mercredi 3 mars 1427, «fut appointé que Gaulcher Vivien, que, pour aucunes causes, il tendroit la monnoye d'argent de Paris, qu'il avoit mise à prix, jusques au 15° jour dudit mois de mars, qui font huit jours, oultre le temps du mois de l'enchère, sans ce que icelle monnoye luy feust close.»

Ibidem, 107 v°.

« Ce jour fut ouverte une boiste de la monnoye d'Aucerre, où il y avoit 15 s. 8 d. de grans blans, entre lesquelx en avoit plusieurs qui n'estoient pas de bon recours, et pource furent iceulx deniers trebuchez et y en fut trouvé 6 s. 3 d. qui n'estoient pas de bon recours, et pour ce furent copez. »

Ibidem.

Le même jour sont condamnès à l'amende, pour ce fait, Jehan ˙ Barnier, garde de la monnaie d'Auxerre, et Jehan Gobert, commis à l'office d'Aubert Charruel, l'autre garde, ainsi que Thevenin Boursier, maître particulier de la monnaie.

Ach. nationales, reg. Z, 1ᴮ, 3, 107, v° et 108 r°.

Le 24 mai 1427, envoi à Troyes de « deux paires de fers à monnoier saluz ».

Ibidem, 109 r°.

En 1428, à Auxerre, Thevenin Boursier est nommé pour un an.

Sorb., H, 1, 9, n° 174, 16 r°.

Idem, à Auxerre, Jehan Mauduit, pour un an.

Ibidem.

Idem, à Amiens, Pierre Grumeau, pour un an, nommé par les généraux maîtres.

Idem, à Amiens, Simonet Clément pour un an, par les généraux.

Ibidem, 45 v°.

Idem, à Châlons, «Jehan Brisset, pour l'edit de Sepsaux,» pour un an.

Ibidem, 17 v°.

Idem, au Mans, Guillemot de Montdelif, natif de Rouen.
Ibidem, 15 v°.

Idem, à Saint-Lô, Jehan Ferry, pour un an.
Ibidem, 38 v°.

Idem, à Rouen, Thevenin Marcel, pour un an.
Ibidem, 11 r°.

Idem, à Saint-Quentin, Jaquet Clément, pour un an, par les généraux maîtres.
Ibidem, 46 r°.

Le vendredi 28 mai 1428, « fut baillé à Thevenin Boursier, maître particulier de la monnoie d'Auxerre, deux paires de fers pour monnoyer saluz.

« 6 paires pour grans blans, lesquelx il promist bailler aux gardes de ladite monnoye.

« Le 12ᵉ jour de juing 1428, Aubert Charruel et Jean Bernier, gardes de la monnoie d'Aucerre, escripvirent au comptouer, quil avoient receu, de Thevenin Boursier, les fers d'or et d'argent dont cy est faicte mencion. »

Arch. nationales, reg. Z, 1ᴮ, 3, 113 v°.

Le samedi 24 juillet 1428, Lucas Morin, maître particulier de la monnaie du Mans, requiert que, « considéré qu'il avoit esté desrobé, à l'entrée faite par les adversaires en ladite ville du Mans, et qu'il n'avoit plus de quoy faire l'ouvrage d'icelle monnoye... il suplie aux generaux maistres le descharger de son marché, et dit oultre ce, que sil plaisoit au roy bailler ladite monnoye à ung autre, il en estoit d'accord, et lui baillera voulentiers les ustensilles d'icelle monnoye, pourveu qu'il en fust payé. »

Arch. nationales, reg. Z, 1ᴮ, 3, 117 v°. — Sorb., H, 1, 9, n° 174, 143 1°.

Lundi 26 juillet 1428, mention de Remond Marc, naguère maître particulier de la monnaie d'argent de Paris.

Arch. nationales, reg. Z, 1ᴮ, 3, 118 r°.

Le mercredi 6 août 1428, Regnault Tumery, tenant le compte de la monnaie d'or de Paris, expose au comptoir « que le mercredi ensuivant finira le mois qu'il doit tenir ladite monnoie, par quoy elle sera à bailler. Il a de l'or pret à ouvrer, et demande une prolongation de huit jours. »

Ibidem, 119 r°.

Le 20 septembre 1428, reçu de Joufroy, l'orfévre tailleur de la monnaie de Paris, 24 paires de fers à blancs de 10 d. t^s. — Rendu audit Joufroy, le 17 décembre suivant, 4 paires de fers.

Arch. nationales, reg. en papier du carton Z, 1 ᴮ, 914.

Le 17 novembre 1428, Gerard de Vauboulon et Jehan Gente, gardes de la monnaie de Paris, saisissent « environ 40 sols de grands blancs, devant ung des monnoyers, parce qu'il n'y avoit pas de titre (lisez trait) sur le **E** de **HENRICVS** que est sur les 2 escus; ils sont fondus aux dépens du tailleur et des deux gardes. » — Ils apportent aussi 3 grands blancs, 2 de Rouen et 1 de Saint-Lô, pour le même motif.

Il s'agit du « **HERICVS** qui est sur les deux escus de la pille, et sur ce fut délibéré d'en escripre à Jehan le Goupil. »

Le samedi 29 novembre, « douze autres grands blancs de Rouen, sans tiltre (lisez trait) sur le **E** de **HENRICVS** escrit au-dessus des deux escus. »

Arch. nationales, reg. Z, 1 ᴮ, 3, 124 v° et 125 r° et v°.

Le 15 décembre 1428, mention de « Guion Luillier, japieça maître particulier de la monnoie d'Auxerre ».

Arch. nationales, reg. Z, 1 ᴮ, 3, 125 v°.

Le 21 décembre 1428, mention d'Aubert Charuel, garde de la monnaie d'Auxerre.

Ibidem, 126 ᵢ°.

Le 19 janvier 1428, mention de Narde de Rousseloy, qui a pris à bail la monnaie de Dijon. Il a pour pleige son frère Guérard.

Ibidem, 126 v°.

11 *février* 1428.

« Une boîte de deniers blancs aux deux écus, faiz et ouvrez (à Dijon) par Odot Douhay, maître particulier, du 11 février 1428 au 5 décembre 1431. » (Cette boîte est enregistrée au registre B, 11215, des archives de Dijon.)

Feuille volante, cousue entre les f°* 120 et 121 du registre B, 11215; elle est lacérée et d'une écriture à peu près illisible.

Le registre nous apprend que cette botte représentait 83,000 blancs frappés.

Reg. B, 11215, f° 112 r°.

Amiot Clerembault, « escuier », est garde de la monnaie de Dijon et de Chalon.

Girart Mariot, garde des mêmes monnaies.

Aubry le Vicaire est commis contre-garde.

Perrenot Loyet est tailleur de Dijon et de Chalon.

Ibidem, 113 v° à 115 r°.

Saluts de 22 s. 6 d. t°, et de 70 au marc, à 24 k. et à 1/4 k. de remède, frappés par Oudot Douhy, commis au gouvernement de la monnaie, du 11 février 1428 au 2 juin 1429.

7.800 frappés.

En marge : « et appert par le livre du bail des monnoies, f° 15, estant en la chambre, que ladite monnoie de Dijon fut baillée audit Odot Douay, pour 3 ans, commençant ung mois après la 1re delivrance, et fut ledit bail le 22e jour de janvier 1428. »

Ibidem, f° 107 r°.

Mêmes saluts, par le même, qualifié mattre particulier, du 18 juin 1429 au 21 janvier suivant ; 6,000 frappés.

Ibidem, f° 113 r°.

Mêmes saluts, par Girart Mariot, pour et au nom de Oudot Douhay, mattre particulier, du 27 octobre 1429 au 23 décembre suivant ; 2,600 frappés.

Ibidem, f° 109 r°.

Mêmes saluts, par Oudot Douhay, du 1er février 1429 au 1er juin 1430 ; 6,800 frappés.

Ibidem, 109 v°.

Idem, par le même, du 28 juin 1430 au 13 janvier suivant; 6,400 frappés.

Ibidem, 110 r°.

Idem, par le même, du 9 février 1430 au 6 janvier suivant 1431 ; 15,200 frappés.

Ibidem, 100 v°.

Idem, par le même, du 18 février 1431 au 29 octobre 1432; 6,400 frappés.

Ibidem, f° 111 r°.

Le lundi 14 février 1428, « Jehan Ravier, garde de la monnoie de Chalon, fu commis à faire l'ouvrage d'icelle monnoie d'or et d'argent, pour cause de ce qu'il estoit venu à la cognoissance du comptouer, que Jehan Brisset qui l'avoit mise à prix, ne faisoit aucune diligence dudit ouvrage, etc., ce jour au comptouer fut cômis Colinet de Paris, demeurant à Chalons, à faire et exercer l'office de garde de la monnoie de Chaalons pour et au nom de Jean Ravier, garde d'icelle monnoie, lequel a esté cômis à faire l'ouvrage de ladite monnoie, pour cause de ce que Jehan Brisset qui l'avoit mise à pris, ne faisoit point de diligence, lequel Colinet fist le serment de bien et deument faire et exercer l'office. Ce jour fut baillé audit Jehan Ravier deux pilles et quatre trousseaux pour monnoyer petitz deniers d'or, nômez angeloz, pour iceulx porter en ladite monnoie de Chaalons. »

Arch. nationales, reg, Z, 1ᴮ, 3, 128 r°.

Le 25 février 1428. Philippot Courtois est nommé maître particulier, pour un an, de la monnaie d'argent, à Paris.

Sorb., H, 1, 9, n° 174, 5 v°.

En 1429, à Rouen, Thevenin Marcel est nommé pour un an.

Ibidem, 11 r°.

Idem, à Amiens, Pierre Grumeau, pour un an; il est nommé par sire Thomas Orlant, général maître.

Ibidem, 45 v°.

Idem, à Châlons, Pierre de Cavoret, pour un an.

Ibidem, 17 v°.

Idem, au Mans, Regnault du Moncel est nommé pour trois ans par sire Jehan le Goupil, général maître des monnaies. Il est dit dans son bail, qu'il ne sera tenu « de payer tailles, aydes de villes ne autres subsides quelles que elles soient, ou faire guet, ne garde de portes, murailles, ne tenu de jour, ne de nuit ».

Sorb., H, 1, 9, n° 174, 15 v°.

Idem, à Auxerre, Thevenin Boursier.

Ibidem, 16 r°.

Le samedi 30 avril 1429, mention d'Estienne Luillier, auquel il est demandé s'il se souvient que Jehan de Metz, changeur de Châlons, lui a livré 100 marcs de billon, à l'époque où il était maître particulier de la monnaie de Châlons. Les gardes, à cette époque, étaient Jehan Ravier et Guillaume Ferest.

Arch. nationales, reg. Z, 1 ᴮ, 3, 131 r°.

Le samedi 2 juillet 1429, « fut touchée, au comptoir, une boiste où il avoit treize deniers d'or saluz, faicte à la monnoie du Mans par Guillemot de Mondelif, commis pour le Roy à faire l'ouvrage d'icelle monnoie, laquelle a esté trouvée ung huitiesme de carat hors du remède et pour ce, en consideracion de ce que ledit Guillemot n'estoit que commis à faire l'ouvraige, et que le prouffit dudit ouvraige vient au Roy, et aussy qu'il a perdu la plus grant partie de sa chevance audit lieu du Mans, et plusieurs autres causes et consideracions, icellui Guillemot a esté condempné à payer au Roy 100 sols t' d'amende. »

Arch. nationales, reg. Z, 1 ᴮ, 3, 134 r°.

Le 13 juillet 1429, mention de Sevestre Le Cheriat, « naguères maistre particulier de la monnoie d'Auxerre ».

Ibidem, 134 v°.

Le mardi 16 août 1429, « fu dit à Regnault Tumery, que pour aucunes causes, il avoit esté appointé que la monnoie de Paris ne seroit point baillée fermée pour le présent, et qu'il feist tousjours ouvrer le plus diligemment qu'il pouroit, jusques autrement en feust ordonné ».

Ibidem, 135 r°.

Le 17 décembre 1429, fut commendé à Gérard de Vauboulon et Jehan Gente, gardes de la monnoie de Paris, qu'ils feissent refondre tous les deniers blancs ouvrés et monnoyés la sepmaine précédant, en lad. monnoie, pour cause du tressault qui avoit esté trouvé en la loy d'iceulx deniers, par lequel ils ont été trouvez hors de remède ».

Ibidem, 135 v°. — Sorb., H, 1, 9, n° 174, 144 r°.

26 *janvier* 1429.

« A Jehan de Plainne, général maître des monnoies de Monseigneur, lequel est venu à Dijon pour ouvrir les boîtes des deniers d'or et d'argent des monnoyes de Dijon et d'Auxonne, c'est assavoir deux boîtes de deniers d'or appellez saluz, et deux boîtes de deniers blancs de 10 d. t° pièce, forgiez à Auxonne, ouvertes en la chambre des comptes le 26° jour de janvier 1429, auquel voiage il vacqua onze jours, comme il appert par certifficacion de Messeigueurs des comptes, et quittance dudit Jehan de Plainne, cy rendu au pris de 1 franc par jour, valent XI francs. »

Arch. de Dijon, reg. B, 11215, f° 115 v°.

Le jeudi 16 février 1429, mention de Pierre Griveau (*sic*), mattre particulier de la monnaie d'Amiens, et de Symonnet Clément, etc.

Ibidem, 138 v°.

Le jeudi 16 mars 1429, mention de Gaulcher Vivien, naguère mattre particulier de la monnaie d'argent de Paris.

Ibidem, 139 v°.

En 1430, à Amiens, Jacques Aucouteaux (*sic*), demeurant à Amiens, est nommé pour un an par les gardes.
Guillaume Ruissel, pour un an.

Sorb., H, 1, 9, n° 174, 45 v°.

En 1430, à Rouen, Thevenin Marcel, nommé pour un an par sire Jehan le Goupil.

Sorb., H, 1, 9, n° 174, 11 r°.

« Le mercredi 10 mai 1430, fut donné congié à Pierre de Landes, naguères tenant le compte de la monnoie d'argent de Paris, de faire ouvrer en ladite monnoie, soubz la main du Roy, en petiz blancs, certaine quantité d'argent qu'il avoit, au brassage qu'il a tenu lad. monnoie, sans pour ce le vouloir contraindre de tenir lad. monnoie l'année durant, parce que se il vient aucun qui icelle monnoie veulle mettre à pris, il y sera receu.

Arch. nationales, reg. Z, 1 ᴮ, 3, 142 r°.

Le 5 juillet 1430, « Guion Luillier, changeur sur le Pont de Paris, commis à faire l'office de garde de lad. monnoie de Paris, au lieu de Gerard de Vauboulon, prisonnier en la conciergerie, et fit le serment.»

Arch. nationales, reg. Z, 1 ᴮ, 3, 144 r°. — Sorb., H, 1, 9, n° 174, 164 v°.

Le 17 juillet 1430, Gerard de Vauboulon reprend possession de l'office de garde de la monnaie de Paris.

Ibidem, 144 v°.

Le 6 septembre 1430, mention de Jacques Langlois, contre-garde de la monnaie d'or de Paris.

Ibidem, 145 r°.

Le 17 octobre 1430, Pierre Mandole « fut institué, de nouvel, contregarde de la monnaie d'argent de Paris ».

Ibidem, 147 v°.

Le mercredi 21 mars 1430, « Pierre Mandole, contregarde de la monnoie d'argent de Paris, fut aresté prisonnier du Roy et suspendu led. office, jusques autrement en soit ordonné, pour avoir faict, en faveur de Jehan de la Grange, une fausse déclaracion de livraison de billon, en l'an 1421 ; car aucune chose n'a esté livré par led. Jehan, se n'est l'an 1422. »

Arch. nationales, reg. Z, 1 ª, 3, 152 v°.

Le mardi 27 mars 1430, Pierre Grumeau, naguère tenant le compte de la monnaie d'Amiens, est assigné pour apurer ses comptes.

Ibidem, 153 r°.

En 1431, à Saint-Lô, Jehan de Caumont est nommé pour un an par sire Jehan le Goupil. Sa nomination est du 6 avril 1430 (à l'usage du diocèse de Coutances).

Sorb., H, 1, 9, n° 174, 38 v°.

Idem, à Rouen, Thevenin Marcel, nommé pour un an par sire Jehan le Goupil.

Ibidem, 11 r°.

Le mercredi 11 avril 1431, « Pierre Mandole, contregarde de la monnoie de Paris, fut eslargi en estat, tout prisonnier, jusques à d'icy en ung mois. »

Arch. nationales, reg. Z, 1 ª, 3, 154 v°.

Le 15 juin 1431, mention de « Thomas de Hires le jeune, soy-disant contregarde de la monnoie du Mans, et d'Andriet Marcel, tenant le compte de lad. monnoie. »

Ibidem, 156 r°.

Le 17 juin 1431, Pierre Grumeau est mis en prison, par suite d'une enquête faite à Amiens.

Il est relâché le 26 juin 1431.

Ibidem, 157 r°.

A la date du 16 novembre 1431, Regnault Tumery est maître particulier de la monnaie de Paris.

Ibidem, 162 r°.

En 1432, à Rouen, Thevenin Marcel est nommé pour un an par sire Jehan le Goupil.

Sorb., H, 1, 9, n° 174, 11 r°.

Idem, à Saint-Lô, Jehan de Caumont, nommé pour un an par sire Jehan le Goupil.

Ibidem, 38 v°.

« Le 17ᵉ jour de juillet l'an dessusdit (1432), àla requête de Andriet Marcel, fut appointé au comptoir, mander aux gardes de la monnoie du Mans, que si aucun ouvrage d'or est fait en lad. monnoie, soit qu'il y ait maistre ou commis, quilz facent mettre avant tout euvre par le tailleur de lad. monnoie, ès fers à or, ung petit point dessoubz l'estoille qui est après **REGNAT**, et quant aux fers du blanc, du temps dudict Andriet, que soient rompuz, et que en ceux que on tailleroit doresenavant ne soit pas mis le point qui estoit devant la racine.

Arch. nationales, reg. Z, 1 ᵃ, 3, 165 r°.

Le vendredi 28 novembre 1432, la monnaie de Paris, déjà mise à prix par Regnault Tumery, est mise aux enchères à l'extinction de la chandelle ; personne n'ayant enchéri sur Regnault Tumery, la monnaie lui est adjugée.

Arch. nationales, reg. Z, 1 ᵃ, 3, 169 r°. — Sorb., H, 1, 9, n° 174, 145 r°.

Le mercredi 4 février 1432, sire Pierre Baille, « trésorier de monseigneur le gouverneur et régent le royaume de France », duc de Bedford, expose à la chambre des monnaies que l'atelier du Mans n'a pas de maître particulier, que personne ne s'offre pour le prendre à ferme, et qu'il est nécessaire d'y commettre quelqu'un Il propose donc Loys Bruneau, changeur du Mans. En conséquence les généraux écrivent aux gardes de la monnaie du **Mans,** de commettre à la maîtrise ledit Loys Bruneau.

Arch. nationales, reg. Z, 1 ᴮ, 3, 170 rᵒ et vᵒ.

Monnayage de Rouen.

Du **21** février 1432 au 23 mai 1440, Etienne Marcel a frappé 200,985 blancs de 10 d. tᵗ, à 5 d. de loi et de 75 au marc.

Du 20 mars 1440 au 10 avril 1440, avant Pâques, il a frappé 69,345 deniers tournois, à 1 d. 12 gr., et de 18 s. 9 d. (225 au marc) de poids.

Pendant cette période, les généraux maîtres, pour la Normandie, étaient Jehan le Goupil et Remon Monsant.

Du **21** mai 1438 au 22 mai 1439, Etienne Marcel dirigea la monnaie mise en régie. Les gardes étaient Jacques le Lieur et Godin de Beaume ; celui-ci mourut le 6 août 1438 et fut remplacé par Guillaume Ango, nommé par le roi le 8 août 1438. Le contre-garde était Jaquet Gaule, qui mourut le 8 septembre 1438 et fut remplacé par Guillaume des Bruières, nommé par le roi le 9 septembre 1438.

Arch. nationales, reg. Z, 1383, du carton Z, 1 ᴮ, 963-67.

Le lundi 16 mars 1432, mention de Jehan de Vaulx, garde de la monnaie d'Amiens, et de Huc de Lesmes, naguère garde de la même monnaie.

Arch. nationales, reg. Z, 1 ᴮ, 3, 170 vᵒ.

Monnayage d'or de Rouen.

Du 18 mars 1432 au 1ᵉʳ octobre 1444, date de sa nomination à l'office de général maître des monnaies, Etienne Marcel a frappé à Rouen, soit comme maître particulier, soit en régie, 355,600 saluts.

La régie a commencé le 6 avril 1435, avant Pâques.

En 1441 et 1442, les gardes de la monnaie étaient Guillaume Ango et Jacob Bernardin. Le tailleur, Geuffrin Corel, et le contre-garde, Guillaume de Bruyères.

Arch. nationales, reg. Z, 1383, du carton Z, 1 ᴮ, 963-67.

Le 6 avril 1432, Gilles de Verneux, garde de la monnaie d'Amiens, fit le serment, étant reçu au lieu de Huc de Lesmes.

Arch. nationales, reg. Z, 1ᴮ, 3, feuillet après le fᵒ 170. — Sorb., H, 1, 9, nᵒ 174, 145 rᵒ.

Le 27 avril 1433, Jehan de Vaulx, garde, et Hue de Lesmes, naguère garde de la monnaie d'Amiens, sont condamnés à l'amende, pour une boîte de Pierre Grumeau, où il y avait 96 deniers d'or.

Arch. nationales, reg. Z, 1ᴮ, 3.

En 1433, à Amiens, Jacques aux Cousteaux, bourgeois d'Amiens, est nommé pour un an par les gardes, Jehan de Vaulx et Gilles de Bevrieux (lisez Berneux où Verneux).

Sorb., H, 1, 9, n° 174, 45 v°.

16 *juin* 1433.

Saluts d'or de 22 s. 6 d. t°, et de 5 s. 10 d. de taille, faits à Dijon par Jehan de Cuiseal (ou de Cuseau), commis au gouvernement de la monnaie, du lundi 16 juin 1433 au 11 juin 1434 inclus; 33,200 frappés.

Jehan de Cuseau est nommé maître particulier par lettres patentes du duc, du 6 janvier 1433, pour Dijon et Chalon.

Les gardes de la monnaie sont Girart Mariot et Amiot Clérembault.

Perrenot Loyat (ou Louyat) a remplacé comme tailleur Andriet de Wailly, démissionnaire.

Aubry le Vicaire est commis contre-garde.

Arch. de Dijon, B, 11215, fᵒˢ 118 r° à 119 v°.

Au 18 décembre 1433, sont généraux maîtres des monnaies, Jehan Trotet, Robert Gaultier et Thomas Orlant.

Sorb., *ibid.*, 145 v°.

Le 22 mars 1433, les maîtres particuliers de la monnaie de Paris sont Pierre de Landes et Renault de Tumery.

Arch. nationales, reg. Z, 1ᴮ, 3. — Sorb., H, 1, 9, n° 174, 146 r°.

En 1434, à Rouen, Thevenin Marcel est nommé pour un an par Jehan le Goupil, général maître.

Sorb., H, 1, 9, n° 174, 11 r°.

Idem, à Amiens, Jehan Warnier, dit Hannotin, demeurant à Amiens, est nommé pour un an par les gardes.

Ibidem, 45 v°.

26 *juin* 1434.

A Dijon, saluts de 22 s. 6 d. t*, de 70 au marc, à 24 k., à 1/4 de k. de remède, faits en achat par Estevenin Boursier, maîtreparticulier, du 26 juin 1434 au 16 octobre suivant; 19,200 frappés.

Mêmes saluts faits par le même, du 28 octobre 1434 au 22 juin 1435 inclus; 32,400 frappés.

Mêmes saluts par le même, du mercredi 6 juillet 1435 au mercredi 13 mars suivant; 15,000 frappés.

Arch. de Dijon, f°s 120 v° à 122 r°.

Grands blancs de 10 d. t*, à 5 d. de loi, et de 6 s. 3 d. de taille, par le même, du 28 juin 1434 au 14 septembre 1435; 142,000 frappés.

Ibidem, f° 122 v°.

Petits blancs de 5 d. t* à 5 d. de loi et de 12 s. 6 d. de taille faits par le même, du 28 mars 1434, avant Pâques, au 29 août 1435; on met en boîte une pièce sur 2,000; 28,000 frappés.

Ibidem, f° 123 i°.

Le 2 septembre 1434, « Jehan Blancpain, tailleur de la monnoie de Paris, faisoit des gettouers de laton en son ostel »; on fait une visite chez lui, on saisit ses fers et poinçons; un peu plus tard on lui permet de tailler des fers à gettouers de laiton pour Guillaume le Merelier, demeurant en la rue de la Vieille-Monnaie.

Arch. nationales, reg. Z, 1^b, 3. — Sorb., H, 1, 9, n° 174.

Le même jour, 2 septembre 1434, Pierre Morlet, nommé tailleur de la monnaie d'Amiens, prête serment.

Sorbonne, H, 1, 9, n° 174.

Le 11 janvier 1434, Guion Luillier et Nicolas Berthe, changeurs et bourgeois de Paris, furent commis à faire et exercer les offices de gardes de la monnaie de Paris, pour et au lieu, « sçavoir ledit Guion, de Gérard de Vauboulon, et ledit Nicolas, de Jehan Gente; firent serment, furent baillez audit Guion neuf clefs que led. Gérard avoit, et aud. Nicolas onze clefs que le ledit Gente avoit. » — Effectivement, le 30 décembre 1434 « Gérard de Vauboulon et Jehan Gente, gardes de la monnoie de Paris, apportoient au comptouer en la chambre des monnoies les clefs qu'ilz avoient de lad. monnoie à cause desdiz offices comme en charge leur avoit esté. »

Arch. nationales, reg. Z, 1ᵃ, 3.

Le mardi 18 janvier 1434, « fut ordonné au comptouer en la chambre des monnoies, que durant le temps que Audriet Marcel tiendra le compte de la monnoie de Paris pour et au nom de Gérard Coletier qui icelle monnoie a mis à pris, aura ès deniers d'or salus devers la croix, dessoubz le **A** de **IMPERAT** ung point percé, le guy parmi, et semblablement desvers la pille, dessoubz le **E** de **REX** ung point percé, le guy parmi. »

Reg. entre deux ais, 147 r°.

Le 28 janvier 1434, « fut donné congié à Jehan Blancpain, tailleur de la monnoie de Paris, de tailler une paire de fers à gettouers de laton, pour Guillaume le Merelier, demourant rue de la Vielle Monnoye. »

Arch. nationales, reg. Z, 1ᵃ, 3.

Le lundi 29 janvier 1434, « Pierre Morelet, tailleur des monnoies de Saint-Quentin et d'Amiens, fist le serment », etc.

Ibidem.

« Et le 19ᵉ jour de février audit an 1434, la monnoie d'or de Paris demoura fermée pour ung an à Gaulchier Vivien, pour et au nom de Jehan Carlier, lequel Gaulchier fut d'acort au comptouer que durant le temps qu'il tiendra le compte d'icelle monnoie, soit mis ès deniers d'or salus, devers la croix, dessoubz le **A** de **IMPERAT** ung point percé le guy parmy, et devers la pille dessoubz le **E** de **REX** ung point percé le guy parmy, pareillement comme ès deniers d'or salus faiz du temps Gérard Colletier. »

Reg. entre deux ais, 147 r°.

Au registre Z, 1ᵃ, 3 des Archives nationales, Jehan Carlier est dit « changeur sur le pont de Paris ».

Le 22 juin 1435, « fut publié à Paris le mandement du Roy Charles VII, par vertu duquel les blans aux armes de France et d'Angleterre qui avoient cours pour 8 deniers parisis furent mis à 6 deniers parisis la pièce ».

Arch. nationales, reg. Z, 1ᵇ, 3.

On trouve au ms. fr. 5524 de la Bibliothèque nationale (128 v°) la note suivante :

« Le 21 juillet 1435, par mandement du Roy fut faict l'ouvraige que ensuyt :

« Angelotz à 23 k. 3 quartz, de 4 deniers de poix tresbuchans, au feur de 48 pièces au marc ayans cours pour 32 sols 6 d. t°. »

La figure est celle d'un angelot de grand module, avec H sous la croix.

Où ce renseignement a-t-il été puisé ? indique-t-il un fait réel ? Je l'ignore.

« Et d'autant que le vandredy 3 apvril, après Pasques, année 1437 (1), la ville de Paris, Dieu aydant, fut redduicte à son souverain seigneur le Roy de France, Charles VII° de ce nom, ne sera plus en cest œuvre faict mention dud. Henry roy d'Angleterre, pour le regard de Paris, ains seullement pour le pays de Guyenne, Picardie et Normandye, d'autant que des lors les forces desdicts Anglois commençoient à décliner journellement et au contraire les François à eulx reinvestir des villes, places et forteresses ès pays que led. roy d'Angleterre et ses prédécesseurs avoient envahis sur la couronne de France; aussi que led. Henry roy d'Angleterre continua l'ouvraige de ses monnoyes ès pays qu'il occupoit en France, des poix, formes et cours et loy et en la forme et manière cy devant dicte, jusques au moys de décembre 1453, du don de Dieu icelluy Henry roy d'Angleterre et Catherine, angloix, qui eurent occuppé longtemps partie dud. royaume de France furent belliqueusement et victorieusement expulsez d'icelluy.»

Bibl. nationale, ms. fr. 5524, 132 r° et v°. — Leblanc, 243.

Dès le samedi 20 avril 1436, Jacques Cœur (écrit Cuer) était maître particulier de la monnaie de Paris.

Le 21 avril 1436, Pierre de Ravenel avait été nommé contre-garde, et Bernard de Lolive et Jehan Le Clerc gardes, par le connétable de Richemont.

Monnayage de Rouen.

Du 21 octobre 1444 au 19 novembre suivant, Jaquet de Bresmer a frappé à Rouen 5,200 saluts.

Arch. nationales, reg. Z, 1583, carton Z, 1 ᴮ, 963-67.

(1) Toutes ces dates sont fausses. C'est dans la nuit du vendredi 13 avril 1436 que Paris fut repris par les Français.

Du 23 janvier 1444 au 21 octobre 1445, Guillemin le **Musnier** (*aliàs* le Mounier) a frappé 80,600 saluts, et le 30 septembre 1445 il a fait une délivrance de 600 angelots.

Les gardes de la monnaie de Rouen étaient alors Guillaume Ango et Jacob Bernardin; le tailleur, Goffinet Corel, et le contre-garde, Guillaume des Bruyères.

Arch. nationales, reg. Z, 1383, carton Z, 1ᴮ, 963-67.

Du 30 octobre 1445 au 27 novembre suivant, « Guillaume le Mounier et Thomassin Erquanbout, maîtres particuliers associés, puis du 27 novembre 1435 au 20 octobre suivant, Thomassin Erquanbout, seul maître particulier, ont frappé 23,000 saluts.

Arch. nationales, reg. Z, 1383 du carton Z, 1ᴮ, 963-67.

A Thomassin Erquanbout succéda Guillaume le Mounier, qui fit une seule délivrance de 2,000 saluts, et le 10 novembre 1446 une délivrance de 100 angelots.

Ibidem.

Pierre de Preaulx, nommé maître particulier pour un an, a frappé, du 10 décembre 1446 au 9 décembre 1447, 19,600 saluts et 2,100 angelots.

Puis, du 16 janvier 1447 au 16 janvier 1448, 14,600 saluts et 1,400 angelots. (On met en botte pour les angelots une pièce sur cent.)

Ibidem.

Pierre de Preaulx a donc frappé en tout 34,200 saluts et 3,500 angelots.

Le 22 juin 1447 et le 9 décembre suivant, Pierre de Preaulx a délivré 85,840 deniers tournois à 1 d. 8 gr. de loi et de 19 s. 3 d. de poids (231 au marc).

Le 16 janvier 1447, il a délivré 97,200 deniers tournois à 1 d. 6 gr. de loi et de 18 s. 9 d. de poids (225 au marc).

Arch. nationales, reg. Z, 1383 du carton Z, 1ᴮ, 963-67.

Ce même registre, intitulé : « Ouverture des boistes de la monnoie de Rouen, du temps des Anglois », contient le document suivant, dont l'importance, numismatiquement parlant, est capitale :

« Sire Estienne Marcel, a présent général maistre des monnoies, pour tout le temps passé qu'il a esté maistre particulier de la monnoie de Rouen, finissant le 1ᵉʳ octobre 1444, avoit en différence ès denier saluz d'or de 70 au marc, aux armes de France et d'Angleterre, ung annelet à ung point massif dedans soubz le **T** de **IMPERAT** qui est la dernière lettre devers la croix, et autant soubz la lettre de **X** de **REX** qui est la dernière lettre du costé devers la pille.

« Item aux angelos n'avoit aucune différence dudit maistre.

« Item Jaquet de Bresmes ouvra après lui certain temps fini le 19 novembre 1444, et avoit en différence soubz les lettres dessusdictes une estoille à cinq pointes.

« Item, Guillaume le Mounier et Thomassin Equenbourc, compaignons et maistres particuliers pour deux ans ensuivant fenis en octobre 1446, ont eu en différence tant vers la croix que vers la pille ung point massif soubz la penultième lettre, c'est assavoir soubz A, vers la croix, de **IMPERAT**, et soubz **E** de **REX**, vers la pille.

« Item, Perrenot de Preaulx, maistre particulier, après les dessusdits a en différence, c'est assavoir sous les lettres dessusdites ung annelet a ung point dedens et pareillement a semblable différence ès pénultièmes lettres des angeloz vers la croix et pille.

« Item, ès petiz deniers noirs qui ont esté faiz par Perrenot de Preaulx en la monnoie de Rouen, a 1 d. 8 gr. de loy et de 19 s. 3 d. de taille (231 au marc), dont le Roy donnoit 7 liv. 10 s. du marc d'argent, a pour différence une molette entre les lettres, tant d'un costé que d'autre, et ès aultres faiz en devant à 1 d. 11 grains de loy et de 18 s. 9 d. de taille a ung point creux. »

Nota. Il faut certainement lire 1 d. 8 gr. de loi au lieu de 1 d. 11 grains.

Le 10 septembre 1453, « feust au pays de Guyenne donné cours aux especes de monnoies qui ensuivent, forgiez tant à Bourdeaux au nom dudit Henry, roy d'Angleterre, que autres lieux de la Guyenne, que audit pays d'Angleterre du commandement du capitaine Talbot, du pays d'Angleterre, alors lieutenant général dudit roy Henry, audit pais de Guyenne, et lequel Talbot allors avoit reprins sur les François ladite ville de Bordeaulx et plusieurs forteresses du pays de Guyenne.

« Talbots à 23 caratz faictz en Guyenne, de 2 d. 18 grains de poix chacune piece, pour 21 sols 8 d. 1ᵉ piece.

« Angellotz d'or, forgés à Londres, à 23 karatz 3 quarts, de 3 deniers de poix pièce, pour 32 s. 6 d. 1ᵉ pièce.

« Hardiz petitz, vieilz et nouveaulx, tant du prince de Galles, du roy Edouard que du roy Henry d'Angleterre, père dudit seigneur roy, à 5 d. de loy argent le roy, de 22 grains de poix chacune pièce, pour 4 deniers tˢ.»

Des figures accompagnent ces diverses indications.

Pour le talbot , la légende est HERIC · D · GRA · R · ANGLIE · F · D · AQVITA. Le roi à mi-corps, entre un léopard et une fleur de lis.

L'angelot représente un navire surmonté d'un écu écartelé, au-dessus duquel est une croix entre la lettre H et une rose. Au revers paraît saint Georges terrassant un monstre à tête d'ours.

Pour le hardi, la figure est celle d'un hardi ordinaire.

Bibl. nationale, ms. fr. 5524, 132 v° et 133 r°.

« Et d'autant que grâces à Dieu, en décembre environ le jour de Noël, l'an 1453, lesdits Anglois furent du tout victorieusement ex-pulsez hors le royaulme de France, et leurs occupations entièrement reduictes à l'obéyssance de la couronne de France, excepté la ville de Callais seullement, ne sera en cest œuvre plus fait mention des ordonnances, statuz et édictz du roy Henry, roy d'Angleterre, ses gouverneurs et lieutenans généraulx et aultres qui dès lors se reti-rèrent en leur confusion tant en la ville de Callais que en Angle-terre. »

Ibidem, 133 v°.

Maintenant que nous avons classé par ordre chronologique tous les documents relatifs aux monnaies anglo-françaises frappées par les rois Henri V et Henri VI d'Angleterre, construisons les tableaux synoptiques qui représentent toutes les espèces émises en France au nom de ces deux souverains.

Monnaies anglo-françaises frappées par Henri V

Nos d'ordre.	DATES.	NOM DES MONNAIES.	TITRE.	TAILLE.	POIDS.	OBSERVATIONS.
1	Avant le 25 sept. 1419.	Mouton d'or.	22 karats.	96	2,7087	De même poids et loi que ceux qui couraient avant pour Charles VI, mais avec différences : il y aura HENRICUS et à croix un léopard.
2	Idem.	Gros (de 20 deniers tournois ou florette).	4 deniers.	80	3,2505	
	Idem.	Demi-gros.	3 deniers 8 grains.	140	1,8574	Valant 10 deniers tournois.
3	23 septembre 1419.	Ordre de mettre dorénavant, à toutes les monnaies que l'on fera, un H au milieu de la croix.				
4	Idem.	Quart de gros de 5 d. t.	2 deniers 16 grains.	160	1,6252	A pile, il y aura un écu à 3 fleurs de lis.
5	Idem.	Mansois ou double tourn.	1 denier 8 grains.	200	1,3002	A pile, 3 fleurs de lis.
6	Idem.	Denier tournois.	1 denier.	300	0,8668	A pile, 2 fleurs de lis.
7	Idem.	Demi-gros.	2 deniers 16 grains.	80	3,2505	A pile, un écu à 3 fleurs de lis.
8	12 janvier 1419.	Gros de 20 d. t. ou royal.	3 deniers 8 grains.	80	3,2505	Aux deux léopards.
9	Idem.	Écus d'or.	22 karats.	96	2,7087	A pile, écu écartelé de France et d'Angleterre. ℞. Dans la croix, 2 léopards et 2 fleurs de lis.
9	18 avril 1420.	Gros de 20 den. tourn.	3 deniers 8 grains.	80	3,2505	Ordonnée à Saint-Lô, avec point secret sous la deuxième lettre.
10	6 mai 1420.	Mouton d'or valant 22 s. 6 deniers tournois.	Or fin, 1/4 k. de remède.	66	3,94	On devait en envoyer le nom plus tard; elle n'a probablement pas été frappée.
11	Idem.	Gros de 20 den. tourn.	2 deniers 12 grains.	86 1/4	3,0138	Patrons envoyés; on fera deux tiers de gros et un tiers de demi-gros. Point sous la première lettre à Rouen, sous la deuxième à Saint-Lô.
12	Idem.	Demi-gros de 16 d. t.	2 deniers 12 grains.	172 1/2	1,5075	
	2 juin 1420.	Ordre d'enfermer dans des caisses scellées toutes les nouvelles monnaies, et de les déposer au château de Caen jusqu'à nouvel ordre.				
13	16 juin 1420.	Gros de 20 d. t.	2 deniers 12 grains.	100	2,6004	Monnaie 100e semblable aux gros du 18 janvier 1419, mais avec HERES FRANCIÉ.
14	30 novembre 1421.	Salut.	Or fin.	63	4,1276	Valant 25 sols tournois.
15	Idem.	Demi-salut.	Or fin.	126	2,0637	Valant 12 sols 6 deniers tournois.
16	Idem.	Double tournois.	1 denier 12 grains.	112 1/2	2,3115	Valant 2 deniers tournois. Monnaie
17	Idem.	Denier tournois.	1 denier 12 grains.	225	1,1577	Valant 1 denier tournois. 36e.

Monnaies anglo-françaises frappées au nom d'Henri VI.

N d'ordre.	DATES.	NOM DES MONNAIES.	TITRE.	TAILLE.	POIDS.	OBSERVATIONS.
1	23 novembre 1422.	Blanc de 10 den. tourn.	5 deniers.	75	3,4673	Monnaie 36e aux deux écussons.
	28 janvier 1422.	Cours donné en Normandie aux blancs de 10 d. t., aux doubles et den. t. et aux mailles t. récemment frappés.				
2	6 février 1422.	Salut.	24 k. (1/4 de remède).	63	4,1276	Valant 25 deniers tournois.
	31 mai 1423.	Ordonnance visant les lettres, aujourd'hui perdues, qui ordonnent la fabrication de deniers et de mailles tournois.				
3	31 mai 1423.	Denier parisis.	1 denier 12 grains.	180	1,3446	Monnaie 36e, 34,560 à Amiens.
2	Ord. B. du 4 juin 1423.	Salut.	Or fin, 1/4 k. de remède.	63	4,1276	Valant 25 sols tournois.
4	Idem.	Blanc de 10 den. t.	5 deniers.	75	3,4673	Monnaie 36e.
4	Idem.	Petit blanc de 5 den. t.	5 deniers.	150	1,7336	Monnaie 36e.
5	Idem.	Trezins de 3 den. t.	3 deniers.	150	1,7336	Monnaie 36e. 69,345, frappé à Rouen du 26 mars au 20 avril 1440.
6	Idem.	Denier tournois.	1 denier 12 grains.	225	1,1577	Monnaie 36e. Le 22 juin 1423, on en
7	Idem.	Maille tournois.	1 denier.	300	0,8668	annonce les patrons à Rouen le plus vite possible.

A Rouen, les C de HENRICVS et de CIVIS pointés; à Saint-Lô, les S de ces deux mots pointés.

8	6 septembre 1423.	Salut.	Or fin, 1/4 k. de remède.	70	3,7449	Valant 22 s. 6 den. t. Soleil au-dessus du rouleau de l'Ave Maria, M au lieu de 𝔐 à IMPERAT.
9	1er mars 1423.	Franc à cheval?	Or fin, 1/2 k. de remède.	80	3,2505	Valant 20 s. t. (M. F. 5524, 326 r°).
3	31 mai 1424.	Denier parisis.	1 denier 12 grains.	180	4,4446	Ordonné à Paris. 5524 donne : couronne sur HERI surmontant léopard et fleur de lis.
?	12 novembre 1426.	Denier parisis.	1 denier 12 grains.	180	1,4446	115,800 frappés à Paris, puis 29,520.

Ms. Fr. 5524 : Couronnelle. PARISIVS CIVIS. B^c. FRANCORVM ET ANGL. REX; dans le champ, HERI sous une grande couronne.

10	31 décembre 1426.	Denier parisis.	1 denier 12 grains.	180	1,4446	Aux armes de France et d'Angleterre. Jusqu'au 13 janvier, 540,240 frappés.
11	24 mai 1427.	Angelot.	Or fin.	105	2,4766	Valant 15 sols tournois.
?	21 juillet 1435.	Angelot.	23 k. 3/4.	48		Valant 32 sols tournois.

Ms. Fr. 5524. La figure est celle d'un angelot de grand module, avec H sous la croix. C'est une monnaie frappée en Angleterre très-probablement.

13	22 juin 1447, 9 déc.suiv.	Denier tournois.	1 denier 8 grains.	231		Émis à Rouen par Pierre de Preaulx.
14	16 janvier 1447.	Denier tournois.	1 denier 6 grains.	225	1,1577	Em's à Rouen par le même.
12	10 septembre 1453.	Talbot.	23 karats.	73	3,564	Frappé en Guyenne, et pesant 2 den. 18 grains.

Ms. Fr. 5524. HERIC·D·GRA·R·ANGLIE·F·D·AQVITA. Le roi à mi-corps, entre un léopard et une fleur de lis.

Il nous reste maintenant à décrire chacune des espèces signalées dans les deux tableaux précédents et à faire connaître les variétés que chacune de ces espèces comporte.

MONNAIES FRAPPÉES EN NORMANDIE PAR L'ORDRE DE HENRI V.

Aignels ou Moutons.

Moutons d'or à 22 karats, et de 96 au marc, pesant par conséquent 2,7087.

1. ✚ AGN : DEI ⁚ QVI TOLL PECCA MVDI MISE NOBIS. Agneau pascal nimbé, adossé à une croix terminée au sommet par une croisette et aux extrémités des bras par deux trèfles ; à cette croix est attachée une banderole enroulée, à deux pointes ; au-dessous du mouton, à droite et à gauche de la hampe de la croix, **h ꟾ** — RX. Le tout dans un contour formé de onze arcs de cercle tréflés.

℞. ✚ XPC ⁎ VINCIT · XPC REGNAT · XPC IMPERAT. Croix fleuronnée au cœur évidé, contenant une rose à cinq pétales, et cantonnée de deux fleurs de lis et deux léopards, dans un contour formé de quatre arcs de cercle reliés par quatre angles ; à l'extérieur du contour, dans les angles rentrants, huit petites fleurs de lis.

Publié par le général Ainsvorth ; — par M. Lecointre-Dupont, *Revue num. française*, 1846, pl. XII, fig. 1 ; — par M. Le Carpentier, *Revue num. fr.*, 1855, pl. VII, fig. 5 ; — par Conbrouse ; — par Poey d'Avant, pl. LXVII, fig. 13. — Gravée pl. I (1).

L'exemplaire qui appartient à M. Le Carpentier pèse 2 gr. 50. Il n'a donc perdu que 0 gr. 20, ce qui prouve qu'il est d'une très-belle conservation. — Il en existe dans la collection de M. Fabre un deuxième exemplaire ; celui-ci n'est autre que la pièce décrite par Conbrouse.

Le général Ainslie en possédait également un qui est entré, je crois, dans les cartons du Medal's Room du British Museum. En d'autres termes, cet aignel ou mouton d'or est d'une extrême rareté.

Le Cabinet des médailles de France possède un deuxième aignel

(1) Les numéros d'ordre de la description concordent avec ceux gravés sur nos planches.

de Henri V, qui lui est venu avec la collection Rousseau. Il est mal-heureusement en mauvais état de conservation.

2. ✢ AG **:** DEI **:** QVI TOLLI **:** PEC.......... même type qu'au précédent.

℞. ✢ XPC .... IMPERAT. Au cœur évidé de la croix, la lettre **h**; pas de point secret d'atelier.

Poids, 2,48. Il a donc perdu 0 gr. 22 à 0 gr. 23 de son poids pri-mitif. Cet aignel est nécessairement postérieur à l'ordonnance du 25 septembre 1419, qui prescrivait de mettre un **h** au cœur de la grande croix de toutes les monnaies frappées à l'avenir en Nor-mandie.

Passons maintenant à la description d'un second aignel que l'on attribue au roi Henri V sur la foi du document suivant :

« Item, feist faire ledit Henri moutonnetz de pareille façon de ceulx de France que faisoit faire le roy Charles VI⁰ à Paris, le 20ᵉ jour d'octobre 1422, et les moutons lisoient Henricus, et avoient trois **ɛ** sur la banniere du mouton et sont à 22 caratz. »

Manuscrit de Poullain (aux archives de la Monnaie de Paris), IIIᵉ partie, p. 59.

La figure qui accompagne ce renseignement est tout à fait défec-tueuse. On ne lit dans le champ que **h** — R au-dessous de l'agnel ; la tête de la croix est formée d'un trèfle, et la bannière à deux pointes est enroulée.

Je possède cet aignel, qui est d'ailleurs assez rare, et sur lequel on lit en réalité **hRII** — **RɛX**. En voici la description :

3. ✢ AGN · DɛI · QVI · TOLLIS · PɛCA · ꟃVDI · ꟃISE · NOB. Type de l'Agneau pascal nimbé, adossé à une croix à bande-role non enroulée, rayée et à trois pointes. La croix est for-mée d'un losange évidé auquel se relient trois **ɛ**. La hampe de la croix est terminée en bas par une petite barre. Le con-tour qui enclôt le type est formé de neuf arcs de cercle perlés aux angles. Annelet sous la deuxième lettre.

℞. ✢ XPC · VINCIT · XPC · REGNAT · XPC · IMPERAT. Croix fleuronnée, cantonnée de quatre fleurs de lis et évidée au cœur pour recevoir une rose à cinq pétales. Le tout dans un contour formé de quatre arcs de cercle et de quatre angles, garnis aux huit rentrants extérieurs de huit petites fleurs de lis. Annelet sous la deuxième lettre.

Poids, 2 gr. 45.

Je n'hésite pas à déclarer que pour moi cet aignel n'est pas de Henri V roi d'Angleterre. Il est certainement de Charles dauphin, et frappé à Romans en Dauphiné. En effet, quand Henri V attribua le point sous la deuxième lettre à l'atelier de Saint-Lô, il ne cherchait pas le moins du monde à déguiser son nom, ni surtout à dissimuler le léopard de ses armoiries. Remarquons d'ailleurs que le dire de Poullain n'a nullement le caractère d'une ordonnance, c'est une allégation pure et simple, comme tant d'autres qu'il a consignées dans son manuscrit, et qui ne supportent pas l'examen.

En résumé, il n'y a de mouton d'or d'attribution certaine que celui qui porte la légende h Œ — R X et les léopards dans deux des cantons de la croix du revers. Au reste, avant moi, Poey d'Avant avait déjà exprimé les mêmes doutes sur cette attribution.

Gros ou royal, dit florette.

Gros de 20 deniers tournois, ou royal, connu parmi le peuple sous le nom vulgaire de florette.

L'ordonnance royale du 25 septembre 1419 nous dit que le noble d'or anglais aura cours « pour 48 gros de nostre monnoye, esquels gros est escript hENRICVS en la pille, et devers la croix un liepart. » Ce texte, pour être correct, doit, je pense, se lire : « et (a) dedens la croix un liepart. »

Ainsi, antérieurement au 25 septembre 1419, le nom *Henricus* était inscrit en toutes lettres sur les gros frappés, avant qu'un point secret nouveau ne fût affecté à l'atelier de Rouen. Voici la description de ce gros, dont je possède deux beaux exemplaires de très-bon billon, et manifestement à 4 deniers de loi :

4. ✠ hENRICVS : FRANCORV : REX. Trois fleurs de lis, deux et une, sous une couronne rehaussée de trois feuilles d'ache et de deux perles. Un point sous le V de FRANCORV (seizième lettre).

℞. ✠ SIT : NOME : DNI : BENEDICTV. Croix fleurdelisée, cantonnée au premier d'une couronne et au quatrième d'un léopard.
Poids, 3 gr.— Gravée pl. I.

5. Un second exemplaire, ayant également un point sous le V de FRANCORV, présente un autre point entre les deux fleurs de lis supérieures ; de plus, au revers, un point est placé sous le D de

BENEDICTV (quinzième lettre). Or le point sous la quinzième lettre était, sous Charles **VI**, l'indice de l'atelier monétaire de Rouen.

Poids, 2 gr. 95.

Le poids réglementaire de ce gros était 3,2505. Le premier a perdu 0,25 de son poids primitif et le second 0,30, ce qui n'a rien que de très-normal.

On peut expliquer la présence du point sous le V de **FRANCORV**, qui est la seizième lettre, par le fait suivant : Les gros de 20 deniers tournois, ou florettes, frappés à Rouen immédiatement avant ceux que je viens de décrire, portaient la légende **KAROLVS FRANCORV REX**, avec le point sous la quinzième lettre, c'est-à-dire sous le **V** de **FRANCORV**.

Lorsque aussitôt après l'entrée de Henri V à Rouen des gros durent être frappés au nom de ce prince, le tailleur des fers, dans sa précipitation à obéir aux ordres reçus, continua à mettre le point sous le **V** de **FRANCORV**, qu'il prenait encore pour la quinzième lettre de la légende, sans remarquer que le nom **hENRICVS** comportait huit lettres, tandis que le nom **KAROLVS** n'en comportait que sept.

Ce gros, qui est peu commun, a été déjà publié par le général Ainsworth, par M. Lecointre-Dupont et par Poey d'Avant.

L'ordonnance du 23 septembre 1419 créait des demi-gros, des quarts de gros, des mansois ou doubles tournois, et des deniers tournois, dont nous allons parler successivement.

Demi-gros, ou blancs de 10 deniers tournois.

Cette monnaie, qui était à 2 d. 16 grains de loi et de 80 au marc (pesant par conséquent 3 gr. 2505), devait porter un écu de France aux trois fleurs de lis ; en un mot, c'était la copie exacte du blanc de 10 deniers tournois, frappé au nom du roi Charles VI. Il devait, de plus, porter la lettre H au cœur de la croix du revers, comme d'ailleurs toutes les autres monnaies émises à l'avenir, en vertu de cette ordonnance.

Cette monnaie n'a pas encore été retrouvée.

En revanche, il y a quelques années, une énorme trouvaille de blancs de 10 deniers tournois de Charles VI, ayant été examinée avec soin par M. Quandale, lui fournit trois ou quatre spécimens au plus d'un demi-gros de Henri V, jusqu'alors inconnu. Ils furent promptement immobilisés dans les collections publiques et privées, et depuis lors on n'en a plus retrouvé aucun.

Les collections de MM. Gariel et Fabre possèdent aujourd'hui cette belle monnaie.

Je crois savoir que le British Museum en possède également un exemplaire; mais je n'en ai pas la certitude.

Voici la description de ce demi-gros de Henri V.

6. ✠ hENRIC : DI : G : FRANCORV : REX. Ecu de France. Un point entre les deux fleurs de lis supérieures.

℞. ✠ SIT : NOME : DNI : BENEDICTV. Un petit soleil sous la croisette. Croix simple cantonnée de deux fleurs de lis et deux couronnes.

Collection de M. Gariel. Poids, 2,615. — Gravée pl. I.

Evidemment, ce blanc de 10 deniers tournois, qui ne porte pas d'h au cœur de la croix, a été frappé avant l'ordonnance du 25 septembre 1419.

Quart de gros de 5 deniers tournois.

Cette monnaie, publiée par Poey d'Avant (pl. LXVIII, fig. 16), n'est connue que par un exemplaire unique, indiqué comme appartenant au musée d'Avranches et communiqué par M. Renault, numismatiste de cette ville. Comme la pièce en question ne se trouve pas au Musée d'Avranches, je suis très-porté à croire qu'il fait en réalité partie de la collection de M. Renault.

Quoi qu'il en soit, voici la description de cette rarissime monnaie:

7. ✠ hENRICVS · FRANCORV · REX. Écu de France à trois fleurs de lis, deux et une.

℞. ✠ SIT · NOME · DNI · BENEDICTV. Croix pattée, portant un h dans un évidement ménagé au cœur de cette croix, qui est cantonnée au premier d'une couronne, et au quatrième d'un léopard.

J'ignore le poids actuel de cette monnaie, qui devait réglementairement peser 1 gr. 6252. — Gravée pl. I.

Mansois ou double tournois.

Cette monnaie n'a pas encore été retrouvée; elle devait être à 1 d. 8 gr. de loi et de 200 au marc, c'est-à-dire qu'elle pesait réglementairement 1,3002. L'ordonnance qui crée ce double tournois ajoute qu'il devait porter à la pile trois fleurs de lis, et la croix devait porter la lettre H en cœur.

Denier tournois.

Ce denier, à 1 d. de loi et de 300 au marc, devait peser 0,8668, et présenter pour type deux fleurs de lis et la lettre H au cœur de la croix.

Il n'a pas été retrouvé encore.

Remarquons que ce double et ce denier tournois étaient encore calqués sur les monnaies similaires du roi Charles VI, monnaies qui, d'ailleurs, sont assez communes.

Gros de 20 deniers tournois ou royal.

Créé le 12 janvier 1419, à 3 d. 8 gr. et de 80 au marc.

8 ✠ hEⱭRICVS ⁝ FRANCORV ⁝ REX. Trois fleurs de lis, deux et une, sous une couronne entourée de perles et rehaussée de trois feuilles d'ache. Deux léopards, ayant chacun une patte appuyée sur une des fleurs de lis supérieures, soutiennent la couronne ; point sous le V de FRANCORV (seizième lettre).

℞. ✠ SIT ⁝ NOME ⁝ DNI · BENEDICTV. Croix fleurdelisée, portant la lettre h en cœur, et cantonnée au premier d'une couronne et au quatrième d'un léopard. Point sous le D de BENEDICTV (quinzième lettre).

Poids, 2,85 et 2,55. Ma collection.— Gravée pl. I.

On remarquera que la même erreur, signalée plus haut, sur le placement du point secret d'atelier, se reproduit sur le gros du 12 janvier 1419.

L'atelier de Saint-Lô ayant été remis en activité, par suite de la création des officiers de cet atelier, en date du 12 avril 1420, l'ordre y fut envoyé le 20 avril de frapper le même gros ou royal avec le point secret sous la deuxième lettre.

Le poids réglementaire du gros ou royal dont nous nous occupons était de 3,2505. Le premier de mes exemplaires a donc perdu 0gr.40 et le deuxième 0,70. Il est vrai que celui-ci est un peu usé.

Publié par le général Ainsworth, Lecointre-Dupont et Poey d'Avant.

Écus d'or.

Nous avons vu que l'ordonnance du 12 janvier 1419 créait un écu d'or à 22 karats, de 96 au marc et pesant par conséquent 2 gr. 7.87. Il devait être muni des types suivants : à pile, il porterait l'écu écartelé de France et d'Angleterre, et la croix du revers serait cantonnée de deux léopards et deux fleurs de lis. Il est probable que cet écu a existé, mais il a jusqu'ici échappé à toutes les recherches.

Deniers d'or.

Le 6 mai 1420, furent créés en principe des deniers d'or fin à 1/4 de karat de remède, de 86 et 1/4 au marc, pesant par conséquent 3,0138, et qui devaient courir pour 22 s. 6 d. t°; l'ordonnance ajoutait : « desquelx deniers d'or nous vous envoyons la fourme et le nom que nous vouldrons comment ilz soient nomméz, avecques les estallons. »

Gros et demi-gros.

En même temps il était ordonné de frapper à Rouen et à Saint-Lô des gros de 20 d. t° à 11 d. 12 gr. de loi et de 86 1/4 au marc, pesant par conséquent 3 gr. 0138, et des demi-gros de 10 d. t° à 2 d. 12 gr. de loi et de 172 1/2 au marc, pesant par conséquent 1,5075, « desquelx gros et demy-gros nous vous envoyons les fourmes avecques les estallons cy-dedens enclos, et ne seront point blanchiz iceulx deniers d'argent, maiz seront monnoyés tieulx comme ils viendront de la main des ouvriers. »

Il était expressément défendu de laisser sortir un seul spécimen de ces nouvelles monnaies, qui devaient être enfermées dans des caisses scellées du sceau du maître et des gardes, et déposées jusqu'à nouvel ordre au château de Caen. Ce dernier ordre, daté du 2 juin 1420, est adressé aux gardes de la monnaie de Saint-Lô. Le point d'atelier pour les pièces frappées à Rouen serait placé sous les premières lettres des légendes, et pour celles de Saint-Lô sous les secondes lettres.

Rien ne prouve que la pièce d'or en question ait été frappée; mais assurément les gros et demi-gros créés par l'ordonnance du 6 mai 1420 ont été exécutés.

Dès le 21 mai 1420, Henri V devient, par le traité de Troyes, le gendre de Charles VI et l'héritier de la couronne de France, et sans aucun doute ce prince dut tenir à constater le plus promptement possible les droits que lui conférait cette nouvelle situation. Aussi est-il tout à fait vraisemblable que toutes les monnaies créées par l'ordonnance du 6 mai 1420 furent refondues et qu'elles ne furent en aucune façon mises en circulation.

Il paraît donc possible d'attribuer à cette émission une pièce portant le titre de *heres Francie*. Voici la description de cette belle pièce :

9. ✠ h : REX · ANGLIE : ⚜ : hERES : FRANCIE. Léopard entre trois fleurs de lis, deux et une, sous une grande couronne rehaussée de trois feuilles d'ache et de deux fleurs de lis. Un gros point entre les deux fleurs de lis supérieures. Point sous la première lettre de la légende.

℞. ✠ SIT : NOMEN : DOMINI : BENEDICTVM. Croix fleurdelisée, recoupée par une croix de quatre épines, et évidée au cœur en un contour de quatre arcs de cercle et de quatre angles contenant la lettre h. Point sous la première lettre de la légende. Poids, 2 gr. 82. — Gravée pl. I.

Cette pièce, qui est d'argent fin, a été frappée à Rouen.

Le général Ainsworth, — Lecointre-Dupont (*Rev. num. fr.* 1846, pl. XIII, fig. 6).— Cabinet de France.—British museum.

Il n'est pas possible d'attribuer ce rare gros d'argent à une autre émission que celle du 6 mai 1421, puisque nous avons toutes les ordonnances postérieures. Il est certain que les négociations qui ont amené le traité de Troyes devaient être entamées depuis longtemps. Henri V pouvait être assuré à l'avance de la cession du titre **HERES FRANCIE**, et il aura pu ordonner une fabrication préventive de monnaies lui attribuant ce titre. De cette façon s'explique parfaitement la défense de laisser circuler un seul spécimen de ces nouvelles espèces. Tout bien considéré donc, le beau gros d'argent en question a bien été frappé en vertu de l'ordonnance du 6 mai 1421.

Dès le 16 juin 1420, c'est-à-dire vingt-six jours après le traité de Troyes et la célébration du mariage de Catherine de France avec Henri V, roi d'Angleterre, celui-ci lança une nouvelle ordonnance prescrivant la fabrication de gros de 20 d. t^s à 2 d. 12 gr. de loi et de 100 au marc, sur le pied de monnaie 160e.

Ils devaient être semblables à ceux que l'on faisait « de présent

11

faire — excepté qu'il y aura escript devers la pille : **H · REX AN-GLIE** et **HERES FRANCIE,** aux remèdes tels que on fait de présent en la monnoie de Paris. »

Ce nouveau gros, de 100 au marc, pesait réglementairement **2 gr.** 6004. En voici la description:

10. Léopard. h · **REX : ANGLIE : ⚜ : hERES : FRANCIE.** Même type que pour le gros du 12 janvier 1419. Annelet sous la première lettre.

℞. Léopard. **SIT : NOME : DNI : BENEDICTV.** Même type que pour le gros du 12 janvier 1419. Annelet sous la première lettre. Poids, 2,25, — 2,10, — 2,05 (trois exemplaires).

Ces monnaies, plus ou moins usées, ont perdu respectivement 0 gr. 35, 0 gr. 50 et 0 gr. 55. — Gravée pl. I.

Publié par le général Ainsworth, Lecointre-Dupont et Poey d'Avant.

Le 30 novembre 1421, parut une nouvelle ordonnance constatant que la monnaie livrée le 6 mai n'avait pas été mise en cours et qui prescrivait la fabrication de nouvelles monnaies sur le même pied que celles que le roi Charles VI, son beau-père, faisait frapper en France.

Comme les gros de 20 d. tournois avaient été déjà mis à 5 d. par une ordonnance de Charles VI, du 26 juin 1421; Henri V décrète qu'à partir du jour de la publication de cette ordonnance, les gros en question ne vaudront plus que **2** deniers et maille tournois.

Saluts.

En même temps il ordonne la fabrication des espèces suivantes sur le pied de monnaie 30° pour les monnaies blanches et noires :

Saluts d'or fin de 63 au marc, pesant par conséquent 4 gr. 1276 et valant 25 s. t^s.

En voici la description.

11. ✠ **hENR : DEI : GRA ⚜ REX : ANGL : hERES : FRANCI'.** Écu écartelé de France et d'Angleterre, entre l'ange Gabriel et la Vierge Marie dont la tête est nimbée ; au-dessus de l'écu un phylactère contenant le mot **AVE,** sous les rayons du soleil.

℞. ✠ **XPC * VINCIT * XPC * REGNAT * XPC * IMPERAT.** Longue croix entre une fleur de lis et un léopard ; sous son pied, la lettre h. Le tout dans un contour de dix arcs de cercle, fleuronnés de demi-fleurs de lis.

Poids, 3,80. — Gravée pl. I.

Cabinet de France. — British Museum. — Collection de M. Fabre.

Publié par le général Ainsworth, Lecointre-Dupont et Poey d'Avant.

De cette belle monnaie il n'existe, à ma connaissance, que les trois exemplaires en question.

Demi-saluts.

Demi-salut d'or fin de 126 au marc et valant 12 s. 6 d. t'; il devait peser 2,0637.

Cette monnaie n'a pas encore été retrouvée, et il est à craindre qu'elle ne le soit jamais.

Double tournois.

Double tournois à 1 d. 12 gr. de loi et de 112 1/2 au marc, pesant par conséquent 2 gr. 3115. En voici la description :

12. ✠ h ⫶ REX ⫶ ANGL ⫶ hERES ⫶ FRANC. Fleur de lis au-dessus d'un léopard. Point sous la première lettre.

℞. ✠ SIT ⫶ nOME ⫶ DNI ⫶ BENEDICTV. Croix pattée, recroisée par une croix plus petite formée de trois fleurons trifoliés; au cœur de la grande croix, la lettre h. Point sous la première lettre. Atelier de Rouen.

Poids, 2,05. Ma collection.— Il a perdu 0 gr. 26. — Gravée pl. I.

13. Un deuxième exemplaire a la croix du revers recoupée par une croix plus petite formée de quatre épines en losange. Mêmes types, sauf que le point secret est placé sous les deuxièmes lettres. — Atelier de Saint-Lô.

Poids : 1,85, — 1,80, — 1,95, — 2,00. Ma collection. Ils ont perdu de 0 gr. 30 à 0 gr. 50.

14. Un exemplaire de ma collection, de très-bonne fabrique, porte très-clairement en légende REX : ANGL : hERES : FRANCOR. Point sous l'R de REX. Pas de croisette ni d'initiale du nom Henricus.

Poids, 225.

Je ne me charge pas d'expliquer l'anomalie que présente la légende de cette curieuse pièce.

Il est bon de remarquer que la croix recroisée d'épines ou de fleurons, que nous trouvons sur ces doubles tournois, est exactement la croix qui se présente sur le gros de 20 d. t^s à un seul léopard entre les trois fleurs de lis. Ces deux espèces ont dû par conséquent être frappées à des époques tout à fait rapprochées. Je suis bien tenté de regarder le gros ou royal comme un véritable essai.

Denier tournois.

Denier tournois à 1 d. 12 gr. de loi et de 225 au marc, pesant par conséquent 1 gr. 1577.

15. ✠ hENRICVS ° REX. Léopard couronné passant. Point sous la première lettre.

℞. ° TVR — ONV — SCI — VIS. Croix recoupant la légende et portant au cœur la lettre h, dans un contour évidé de quatre arcs de cercle. Ce denier a été frappé à Rouen.

Poids, 0,85, — 0,80. Ils ont perdu 0,30 et 0,35.

Ma collection.— Cabinet de France.— Gravée pl. I.

Passons maintenant à la description des monnaies royales frappées au nom de Henri VI.

MONNAIES ANGLO-FRANÇAISES DE HENRI VI.

23 novembre 1422.

Blanc de 10 deniers tournois, à 5 d. de loi et de 75 au marc (pesant 3,4673), sur le pied de monnaie 30e.

Le 12 décembre 1422, les généraux maîtres des monnaies décidèrent que pour différent on mettrait en tête des deux légendes :

A Paris, une couronnelle;
A Tournai, une petite tour (1);
A Arras, un losange ;
A Saint-Quentin, une molette;
A Châlons-sur-Marne, un croissant;
A Troyes, une rosette ;
A Mâcon, un trèfle ;
A Nevers, une étoile;
A Auxerre, un fer de moulin ;

(1) Nous avons dit que Tournai ayant refusé de reconnaître la souveraineté d'Henri VI, il n'y fut frappé, à cette époque, aucune monnaie anglo-française.

A Dijon, un petit soleil (1).

A Rouen, un léopard.

A Saint-Lô, une fleur de lis.

A Amiens, un agneau pascal ou agnus dei.

Au Mans, une racine.

Les blancs de 10 deniers tournois n'ayant changé ni de titre ni de poids, je vais les décrire successivement par atelier monétaire, dans l'ordre où ils sont nommés ci-dessus.

PARIS.

Ordonnés le 23 novembre 1422; le différent de la couronne au commencement des légendes, aboli le 12 décembre 1422. — Admis au cours en Normandie le 28 janvier 1422. — Ordonnés de nouveau le 4 juin 1423. — Le 17 décembre 1423, ordre de relier, à croix seulement, les trois points qui séparent les mots. — Le 17 novembre 1428 on signale à la chambre des monnaies, des blancs sur lesquels un tiret est placé au-dessus du nom hERICVS, qui surmonte les deux écus de France et d'Angleterre.

Blanc du 23 novembre 1422 au 17 décembre 1423.

16. Couronnelle. FRANCORVM : ET : ANGLIE : REX. Dans le champ, hERICVS, au-dessus de l'écu de France et de l'écu écartelé de France et d'Angleterre.

℞. Couronnelle. SIT : NOMEN : DNI : BENEDICTV. Dans le champ, croix longue entre une fleur de lis et un léopard, le tout au-dessus de hERICVS.

Poids, 3 gr. 05. Ma collection. Il a perdu 0,41 de son poids primitif. — Gravée pl. II.

Blanc du 17 décembre 1423.

Même type au droit.

17. ℞. Couronnelle. SIT : nOMEN : DnI : BENEDICTVM. Même type qu'au précédent.

Poids, 3 gr. Ma collection. Il a perdu 0 gr. 46. — Cabinet de France.

(1) Ce mandement ne fut pas envoyé à Dijon, le blanc au petit soleil n'existe donc pas. Le différent de cet atelier est la Sainte-Face ou Saint-Suaire dit Véronique.

18. **Mêmes types, avec un point sous la première lettre des légendes.** Cabinet de France.

TOURNAI.

Ce blanc n'a jamais existé.

ARRAS.

Ce blanc, qui doit avoir été frappé, n'a pas encore été retrouvé.

SAINT-QUENTIN.

Ordonné le **23** novembre **1422**. — Le **12** décembre **1422**, le différent attribué à Saint-Quentin est une molette d'éperon. — Le **5** mars **1426**, il est ordonné de mettre, pendant la maîtrise de Jehan Blondeau, un point sous les seizièmes lettres. (Ce point est celui de Tournai, qui n'avait pas voulu reconnaître la souveraineté de Henri VI.)

Blanc de Jehan Blondeau.

A partir du **5** mars **1426**.

19. Molette d'éperon. **FRANCORVM ⋮ ET ⋮ ANGLIE ⋮ REX**. Type habituel. Point sous l'**I** d'**ANGLIE** (seizième lettre).

℞. Molette d'éperon. **SIT ⋮ NOMEN ⋮ DNI ⋮ BENEDICTV**. Type ordinaire. Point sous le **D** de **BENEDICTV** (seizième lettre).

Poids, **3** gr. **05**. Ma collection. Il a perdu **0** gr. **41** de son poids primitif. — Cabinet de France. — Gravée pl. II.

Poey d'Avant cite un blanc de l'étoile percée ou molette, mais ne parle pas du point placé sous les seizièmes lettres.

CHALONS-SUR-MARNE.

Ordonné le **23** novembre **1422**.

27 juin **1423**, ordre aux changeurs du Vermandois de porter à Châlons **600** marcs d'argent en billon pour en faire des blancs.

20. **Croissant en tête de la légende habituelle.**

℞. Croissant. **SIT ⋮ NOMEN ⋮ DNI ⋮ BENEDICTV**. Type ordinaire.

Poids, 2 gr. 90. Ma collection. Il a perdu 0 gr. 56 de son poids.

2	95	Id.	.	Id.	0	51	id.
2	50	Id.		Id.	0	96	id.

Cabinet de France. — Gravée pl. II.

Poey d'Avant cite un blanc semblable au précédent et de plus un blanc où le croissant, au lieu d'être ainsi ◡, est tracé les pointes tournées à droite c. Cette variété faisait partie du cabinet de M. Le Carpentier, d'Honfleur. Elle constitue probablement le diffé-rent d'un maître particulier.

TROYES.

Ordonné le 23 novembre 1422. — Le 18 décembre 1422, l'exécu-toire des généraux maîtres est envoyé.

21. Rosette. — Mêmes types ; au revers **BENEDICTV**. Les trois points qui séparent les mots au revers sont bien séparés. La rosette ainsi faite ✿.

Poids, 3,10. Ma collection. — A perdu 0,36. — Cabinet de France. — Gravée pl. II.

22. Mêmes types, mais avec **BENEDICTVM** en toutes lettres. La ro-sette a les pétales échancrées. Les trois points entre les mots semblent reliés.

Poids, 3,10. — Ma collection. — A perdu 0,36.

23. Mêmes types, avec la légende **SIT : nOຕΝ** (*sic*) **: DNI : BENE-DICTV**.

MACON.

Ce blanc ne m'est pas connu.

NEVERS.

Ordonné le 23 novembre 1422. — Exécutoire envoyé le 6 janvier 1422.

24. Etoile au commencement des légendes. Le mot *nomen* écrit ainsi : **nOຕE**. Les trois points bien séparés. **BENEDICTV**.

Poids, 3 gr. — Ma collection. — A perdu 0 gr. 46. — Cabinet de France. — Gravée pl. II.

25. Mêmes types. — Au revers **BENEDICT** et la fleur de lis, accom-pagnée d'un point placé à sa gauche.

Poids, 3,10. — Ma collection. — A perdu 0,36.
Cabinet de France.

AUXERRE.

Ordonné le 22 novembre 1422. — Exécutoire envoyé le 18 décembre 1422.

26. Fer de moulin. — Mêmes types. — Au ℟. BENEDICTV. Les trois points séparés. Mauvaise fabrique.
Poids, 2,60. — Ma collection. — A perdu 0,86. — Cabinet de France. — Gravée pl. II.

27. Mêmes types. BENEDICTVM. Points bien séparés. Très-bonne fabrique.
Poids, 2,80. — Ma collection. — A perdu 0,66. — Cabinet de France.

28. Mêmes types; entre les mots . ℟. Fer de moulin. IT (*sic*) et : entre les mots. BENEDICTV.
Pièce fausse, du temps, et trouée.

DIJON.

Ordonné le 22 novembre 1422. — L'ordonnance mettant la monnaie sur le pied 30° n'est adressée à Dijon que le 12 mars 1422. — L'exécutoire attribuant à cet atelier le petit soleil pour différent, en date du 12 décembre 1422 n'a pas été envoyé. Il est donc probable que le blanc de 10 d. muni de ce différent n'existe pas. — Le salut d'or créé le 6 février 1422 devait porter les mêmes différents que le grand blanc de 10 d. t. Le manuscrit fr. 5524 donne à cette date les différents des saluts, et Dijon y est dit avoir pour différent une Véronique ou saint-suaire. Depuis, le ms. fr. 5920 attribue au grand blanc de Dijon la Véronicle (*sic*) pour différent. Nous ne pouvons donc rien préciser pour la date de fabrication de ce grand blanc à Dijon.
Les grands blancs de Henri VI ont été frappés à Dijon :

Du 1er mars 1422 au 28 septembre 1423, par Perrenot Tincturier, commis par Pierre et Humbert Viart, maîtres particuliers... 305,000
Du 6 mars 1424 au 30 juin, par Andriet de Wailly.... 600
Du 4 août 1425 au 19 juin 1426, par le même........ 39,500

Du 3 septembre 1426 au 24 janvier suivant, par le même...	26,000
Du 18 février 1426 au 24 mars suivant, par Oudot Douay..	45,000
Du 5 avril 1426 au 17 mai 1427, par Annot Clerem-bault..	112,000
Du 20 mai 1427 au 30 septembre suivant, par Ph. de Launay..	119,000
Du 11 février 1428 au 5 décembre 1431, par Oudot Douay..	83,000
Du 10 juillet 1428 au 21, par Andriet de Wailly.....	6,000
Du 28 juin 1434 au 14 septembre 1435, par Etienne Boursier...	142,000
Nombre total......	878,100

29. Saint-suaire. **FRANCORVM 3 ET 3 ANGLIE 3 REX.** Type ordinaire.

℞. Saint-suaire. **SIT 3 NOℳЄn 3 DNI BENEDICTVℳ ::.** Type ordinaire.

Poids, 2,95. — Ma collection. — A perdu 0 gr. 51. — Cabinet de France. — Gravée pl. II.

Ce grand blanc est certainement d'une époque bien voisine de la chute de la domination anglaise à Dijon. Les signes qui séparent les mots des légendes se retrouvent effectivement sur des monnaies de Charles VII, frappées par le duc de Bourgogne, après son traité de paix contracté avec Charles VII.

ROUEN.

Le cours des blancs de 10 deniers t[s] est ordonné en Normandie, le 28 janvier 1422. — Ce n'est que le 19 novembre 1425 que le léopard est assigné pour différent aux produits de l'atelier monétaire de Rouen (1). Le 17 novembre 1428, on signale à la chambre des monnaies des grands blancs de Rouen, sur lesquels manque le tiret placé au-dessus du nom hERICVS, inscrit au-dessus des deux écus de France et d'Angleterre. — Le 29 novembre 1428,

(1) Ce document fourni par le registre entre 2 ais, implique-t-il que le blanc de 10 d. 2 s. au différent du Léopard, n'a été frappé qu'à partir du 19 novembre 1425 ? J'avoue que j'en doute fort.

12

douze de ces pièces défectueuses sont encore dénoncées à la Chambre des monnaies.

30. Léopard au commencement des légendes. Types habituels. Les trois points bien séparés. — Au revers, BENEDICTV.

Poids, 3,00. — Ma collection. — A perdu 0,46.

2,60.   Id.   Id. 0,80.

Gravée pl. II.

31. Mêmes types. Point sous les dernières lettres des deux légendes (vingtième lettre). — BENEDICTV. — Les trois points bien séparés.

Poids, 3gr.05. — Ma collection. — A perdu 0gr.41.

2 70.   Id.   Id. 0 76.

Cabinet de France.

Ce point sous les dernières lettres est certainement le différent d'un maître particulier de la monnaie, et très-probablement d'Etienne Marcel, jusqu'au 1er octobre 1444.

SAINT-LO.

Comme pour Rouen, c'est le 19 novembre 1425 que le registre entre deux ais, prétend que le différent de la fleur de lis fut attribué à l'atelier monétaire de Saint-Lô. — 17 novembre 1428, blancs sans tiret sur le nom hERICVS, dénoncés à la chambre des monnaies.

32. Types ordinaires avec la fleur de lis pour différent. — Les trois points habituels sont remplacés par trois petits traits superposés. — BENEDICTV.

Poids, 3,15. — Ma collection. — A perdu 0,31.

3,05.   Id.   Id. 0,41.

Cabinet de France. — Gravée pl. II.

AMIENS.

Le 13 novembre 1423, ordre d'établir un atelier monétaire. — Le 19 février 1423, ordre de prendre pour différent un Agnus Dei. — Les blancs sont frappés à partir du 7 avril 1423.

33. Types habituels, avec l'Agnus Dei pour différent. — BENEDICTV. Trois gros points entre les mots.

Poids, 3,05. — Ma collection. — A perdu 0,41.

Cabinet de France. — Gravée pl. II.

Le **22** octobre 1425, ordre d'établir un atelier monétaire. — **27** octobre 1425, des fers gravés par le tailleur de la monnaie de Paris sont envoyés. — L'ordre avait été donné d'y mettre pour différent une racine. — Le 17 juillet 1432, ordre de retirer le point qui était placé devant la racine.

Blanc antérieur au 17 juillet 1432.

34. Racine. — Types habituels ; entre **REX** et la racine, un point. — Trois points entre les mots. — **BENEDICTVM**. — Et un point avant la racine.

Poids, 3,10. — Ma collection. — A perdu 0,36.

      2,95.   Id.   Id.   0,51.

Gravée pl. II.

Blanc postérieur au 17 juillet 1432.

35. Mêmes types. — Le point placé avant la racine n'existe plus. — **BENEDICTVM**.

Poids, 3,15. — Ma collection. — A perdu 0,31. — Cabinet de France.

36. Mêmes types, avec **BENEDICTV**.

Poids, 2,60. — Ma collection. — A perdu 0,86.

Saluts.

Salut de 63 au marc (pesant 4 gr. 1276), à 24 karats, à 1/4 de karat de remède, valant 25 sols t.

Ordonné le 6 février 1422, et de nouveau le 4 juin 1423.

L'exécutoire analysé au Registre entre deux ais dit qu'on y mettra les mêmes différences qu'aux grands blancs et qu'il y aura une main au-dessus du rouleau de l'Ave Maria, au lieu de soleil. — Le 7 février 1422, ordre à Regnault Tumery, maître particulier, de frapper ce salut à Paris. Le 12 mars 1422, l'ordonnance créant la monnaie 30mo est envoyée à Dijon par l'ordre du chancelier de France. Le 8 mai 1423, Guiot de Hannin, tailleur de la monnaie de Paris, livre à la chambre des monnaies deux paires de fers à saluts pour Rouen, et une paire pour Saint-Lô, lesquels fers lui avaient été commandés. Le 17 juin 1423, le bail de Jaquotin du Pré, qui prend la monnaie de Saint-Quentin pour un an, porte qu'il frappera des saluts.

Je ne connais pas un seul salut de Henri VI, offrant le type de la main au-dessus du rouleau sur lequel est écrit AVE MARIA. Cela revient à dire que jusqu'à présent je n'ai pu constater l'existence d'un exemplaire du salut de 63 au marc. Il doit exister cependant, puisqu'il a été frappé depuis le 7 février jusqu'au 6 septembre 1423, à tout le moins, à Paris, à Rouen, à Saint-Lô, à Saint-Quentin et à Dijon. Dans cet intervalle de sept mois et demi, il a dû nécessairement être émis un assez grand nombre de ces saluts, mais je n'en ai pas encore vu un seul.

Salut d'or fin, à 1/4 de karat de remède, de 70 au marc (pesant 3 gr. 7149), et valant 22 s. 6 d. t°.

Ordonné le 6 septembre 1423. L'exécutoire du même jour analysé au Registre entre deux ais, porte qu'on y mettra les mêmes différents qu'aux grands blancs de 10 deniers tournois « avec ung soleil dessus le roleau de l'Ave Maria ».

PARIS.

Le 15 septembre, ordre de mettre la monnaie aux enchères. Le salut de 70 au marc est ordonné le 6 septembre 1423. Le 4 octobre 1423, Pierre de Landes est commis à la maîtrise, à la place de Regnault Tumery (ou de Thomery) qui est emprisonné. Le 14 décembre 1423, Arnoullet Rame est adjudicataire de la monnaie d'or de Paris. Le 17 décembre 1423, les généraux décident que dans le mot IMPERAT on remplacera la lettre ronde ℳ par la lettre carrée M. Le 24 avril 1426, Guiot de Hannin, tailleur de Paris, reçoit l'ordre de mettre un point sous le T du mot REGNAT, pour le temps que Regnault Tumery, qui a pris la monnaie d'or pour Pierre Fromont, tiendra le compte de cette monnaie. (Il n'a rien frappé avant l'adoption de ce nouveau différent.) Le 18 janvier 1434, Andriet Marcel prend la monnaie d'or de Paris au nom de Gerard Coletier; il mettra un point percé sous l'A du mot IMPERAT, le guy parmy (c'est-à-dire à cheval sur le grenètis), et à pile, sous l'E de REX. Le 19 février 1434, Gaulcher Vivien afferme la monnaie d'or de Paris au nom de Jehan Carlier; pendant le temps qu'il exercera la maîtrise, on mettra sur le salut d'or la différence qui avait été décidée pour Gerard Coletier. Il est donc bien probable qu'il n'a pas été frappé de salut par Andriet

Marcel, dans le mois qui a précédé la prise de possession de la maîtrise au nom de Jehan Carlier par Gaulcher Vivien, puisque le différent du premier est attribué au second.

Salut de Pierre de Landes frappé du 4 octobre 1423, au 14 décembre suivant :

37. Couronnelle, hENRICVS : DEI : GRA : FRACORV : ﬞ : AGLIE :
    REX. Écus de France et d'Angleterre, derrière lesquels sont,
    à gauche la vierge Marie, qui a la tête nimbée, et à droite,
    l'ange Gabriel; entre eux un phylactère sur lequel est écrit de
    bas en haut le mot AVE. Au-dessus du phylactère quatre rayons
    épanouis, représentant le soleil.

    ℞. Couronnelle, XPC' ✝ VINCIT ✝ XPC' REGNAT ✝ XPC' IM-
    PERAT. Croix longue au-dessus de la lettre h; la hampe
    de la croix placée entre une fleur de lis et un léopard; le tout
    dans un contour de dix arcs de cercle fleuronnés de demi-fleurs
    de lis.

    Poids 3 gr. 45. — Ma collection. — A perdu 0 gr. 26. — Chez
    M. Van Peteghem. — Gravée pl. III.

Salut d'Arnoullet Rame, frappé du 17 septembre 1423 au 24
avril 1426.

38. Même type au droit, sauf que le mot AVE est écrit de haut en bas
    et que la tête de la Vierge est entourée d'une double nimbe.

    ℞. Même légende et même type, sauf que le dernier mot est écrit
    IMPERAT.

    Poids 3, 30. Ma collection. — A perdu 0 gr. 41.

39. Couronnelle au-dessus d'un croissant tourné à gauche. hERICVS :
    DEI : CRA : FRACORV : ﬞ : AGLIE (sic) : REX. Types habi-
    tuels. Au revers en tête de la légende, couronnelle au-dessus d'un
    croissant tourné à gauche. Cabinets de France et de M. Fillon.
    — Chez M. Van Peteghem. (Poey d'Avant, n° 3188.)

ROUEN.

Ordonné le 6 septembre 1423. En novembre 1425, le registre
entre deux ais dit que le léopard fut attribué à Rouen pour différent
monétaire; mais je suppose que ce n'est là qu'une note commémo-
rative d'un fait bien antérieur. Du 18 mars 1432 au 1ᵉʳ octobre 1444,
Etienne Marcel a frappé 355,000 saluts; il avait pour différent un

annelet pointé , placé sous le T du mot IMPERAT et sous l'X du mot REX. Du 21 octobre 1444 au 19 novembre suivant, Jaquot de Bresmes a frappé 5,200 saluts ; il avait pour différent une étoile à cinq pointes sous les dernières lettres des deux légendes. Du 23 janvier 1444 au 21 octobre 1445, Guillaume le Musnier (ou Le Monnier) a frappé 80,600 saluts. Du 30 octobre 1445 au 20 octobre 1446, le même, associé à Thomassin Erquanbourc (ou Erquanbout), a frappé 23,000 saluts ; ils avaient pour différence un point massif placé sous les pénultièmes lettres des légendes, c'est-à-dire sous A de IMPERAT et sous E de REX. Le 10 novembre 1446, Guillaume Le Monnier seul a émis 2,000 saluts. Du 10 décembre 1446 au 16 janvier 1448 (1449 n. st.), Pierre de Préaulx a frappé 34,000 saluts ; il avait pour différence un annelet pointé sous les pénultièmes lettres des légendes.

Salut d'Etienne Marcel, frappé du 18 mars 1432 au 1er octobre 1444.

40. Léopard ; légende et type habituels ; double nimbe autour de la tête de la Vierge. Annelet pointé sous l'X du mot REX ; AVE écrit du haut en bas.

℞. Léopard. Type habituel. Annelet pointé sous le T du mot IₘPERAT (*sic*).

Poids, 3 gr. 40. — Ma collection. — A perdu 0,31.
Cabinet de France. — Chez M. Van Peteghem. — Gravée pl. III.

AUXERRE.

41. Anille ou fer de moulin. ҺENRICVS : DEI : GRA : FRACORV : ⚜ : AGLIE : REX. Le mot AVE écrit de bas en haut.

℞. Anille. XPC * VINCIT * XPC * REGNAT * XPC * IₘPERAT. Type ordinaire. Poids, 3 gr. 30. — Ma collection. A perdu 0,41. Gravée pl. III.

Le 20 mai 1428 des fers à saluts furent remis à Thevenin Boursier, maître particulier, depuis 1426. C'est à lui que j'attribue l'émission de ce salut.

AMIENS.

Atelier rétabli par ordonnance du 13 novembre 1423. Le 19 février 1423, ordre de mettre pour différent un *Agnus Dei* aux monnaies émises par cet atelier. Du 2 août 1426 au 17 novembre 1435, il a été frappé à Amiens 203,400 saluts, par différents maîtres particuliers.

42. *Agnus Dei.* hENRICVS : DEI : GRA : FRACORℳ (*sic*) : ✠ : AGLIE : REX. Type habituel. Un seul nimbe autour de la tête de la Vierge et le mot **AVE** écrit de bas en haut.

℞. Type habituel. IMP&RAT (*sic*).

Poids, 3,40. — Ma collection. — A perdu 0,31. — Cabinet de France. — Gravée pl. III.

Poey d'Avant cite le salut à l'*Agnus Dei.*]

DIJON.

Ordonnés le 6 septembre 1423, ils ont été frappés :

Du 11 février 1428 au 2 juin 1429 par Oudot Douay...	7,800
Du 18 juin 1429 au 11 janvier, par le même..........	6,000
Du 27 octobre 1429 au 23 décembre par Girart Mariot au nom d'Oudot Douay (double emploi)..... 2,600	
Du 1er février 1429 au 1er juin 1430, par Douay.......	6,800
Du 28 juin 1430 au 13 janvier suivant...............	6,400
Du 9 février 1430 au 6 janvier 1431, par le même.....	15,200
Du 18 février 1431 au 29 octobre 1432..............	6,400
Du 16 juin 1433 au 11 juin 1434, par Jehan de Cuiseau	33,200
Du 26 juin 1434 au 16 octobre suivant, par Etienne Boursier..................................	19,200
Du 28 octobre 1434 au 22 juin 1435, par le même....	32,400
Du 6 juillet 1435 au 13 mars suivant, par le même...	15,000
Nombre total......	148,400

43. Saint-suaire ou véronique. hENRICVS ⦂ DEI ⦂ GRA ⦂ FRACORV ⦂ ✠ ⦂ AGLIE ⦂ REX — Étoile à cinq pointes sous l'X de **REX**. **AVE** écrit de bas en haut. Nimbe simple autour de la tête de la Vierge.

℞. Saint-suaire XPC ⋆ VINCIT ⋆ XPC ⋆ REGNAT ⋆ XPC ⋆ IMPERAT ⋆. Type ordinaire; étoile sous l'X du premier **XPC**.

Poids, 3,40. — Ma collection. — A perdu 0 gr. 31. — Cabinet de France. — Gravée pl. III.

44. Saint-suaire. hENRICVS ⦂ DEI ⦂ GRA ⦂ FRACORV ⦂ AGLI ⦂ REX, Type habituel, mais l'ange de profil, et **AVE** écrit de haut en bas

℞. Type habituel. Saint-suaire. ✠ XPC ✠ VINCIT ✠ XPC ✠ RE-GNAT ✠ XPC ✠ IMPERAT ✠.

Poids, 3 gr. 40. — Ma collection — A perdu 0 gr. 31.

SAINT-LO.

Ordonné le 6 septembre 1423. Novembre 1425 : le registre entre deux ais mentionne la fleur de lis, comme différent attribué à Saint-Lô. C'est très-probablement une réminiscence.

45. Fleur de lis. hENRICVS : DEI : GRA : FRACORVM : ⚡ : AGLIE : REX. Type habituel ; nimbe double, autour de la tête de la Vierge. AVE écrit de haut en bas. Annelet sous l'I de hENRICUS

℞. Fleur de lis. XPC ★ VINCIT ★ XPC ★ REGNAT ★ XPC ★ IℳPERAT. Type habituel ; annelet sous le premier I de VIN-CIT.

Poids, 3 gr. 46. — Ma collection. — A perdu 0 gr. 25. — Gravée pl. III.

46. Fleur de lis. hERICVS : DEI : GRA : FRACORVM : ⚡ : AGLIE : REX. Point sous l'E de REX. Type du précédent.

℞. Comme au précédent, sauf qu'il n'y a pas d'annelet sous le premier I de VINCIT.

Poids, 3 gr. 43. Ma collection. — A perdu 0 gr. 28.

LE MANS.

Le 22 octobre 1425, ordre de rétablir une monnaie au Mans. Le 26 octobre 1425, ordre au tailleur de Paris de graver deux paires de fers pour le Mans. En novembre 1425 le maître particulier est nommé et le différent ordonné est une racine. Le 8 novembre les généraux maîtres envoient leurs instructions aux officiers nommés. En 1429, Regnault du Moncel est nommé pour trois ans. Le 2 juillet 1429, une botte de Guillemot de Mondeliff, commis à la maîtrise, contenant 13 saluts (2,600 frappés) est touchée et trouvée faible de plus de 1/8 de karat. Le 17 juillet 1432, il est décidé qu'au Mans on mettra un point sous l'étoile qui suit le mot REGNAT.

47. Racine. hENRICVS : etc. Double nimbe autour de la tête de la Vierge. AVE écrit de haut en bas. Type habituel.

℞. Type et légende habituels.

Poids, 3 gr. 45. Ma collection. — A perdu 0 gr. 26. — Cabinet de France. — Gravée pl. III.

Le 3 septembre 1427, il est envoyé à Jehan Brisset, tenant le compte de la monnaie, deux piles et quatre trousseaux à frapper les saluts.

Ce salut ne m'est pas connu.

Le 28 mai 1427, l'ordre de frapper ce salut est envoyé par Thevenin Roumier, maître particulier, aux gardes de la monnaie.

48. Poey d'Avant cite le salut de Troyes à la rose.

Petit blanc.

Petit blanc de 5 deniers tournois, à 5 d. de loi et de 150 au marc (pesant 1 gr. 7336).

Ordonné le 4 juin 1423. Le 17 juin 1423, Jacquotin du Pré prend à bail la monnaie de Saint-Quentin et s'engage à y frapper, entre autres monnaies, des petits blancs. Le 17 décembre 1423 il est ordonné de relier les trois petits points placés entre les mots des légendes sur les petits blancs de 5 d. t⁵. frappés à Paris. Le 27 octobre 1425 il est envoyé au Mans deux paires de fers à monnayer les petits blancs. Le mercredi 10 mai 1430, Pierre de Landes, naguère tenant le compte de la monnaie de Paris, est autorisé à frapper en régie une certaine quantité de petits blancs, avec le billon d'argent dont il est détenteur.

49. Couronnelle. hEN — RICVS — REX. Écus accolés de France et d'Angleterre.

℞. Couronnelle : SIT : NOME : DNI : BENEDICTV Croix longue entre les lettres h et R.

Poids, 1 gr. 30. Ma collection. Pièce très-usée, ayant perdu 0 gr. 43 de son poids primitif. — Gravée pl. III.

Cabinet de France. Deux exemplaires.

Publié par Poey d'Avant.

Delombardy, n° 147, décrit un petit blanc de la manière suivante :

13

50. Couronnelle avec un annelet au-dessous. hEN—*RICVS*—.REX·
Les deux écus accolés.

℞. Même couronnelle. SIT : NOMEN : DNI : BENEDITV.
Poids, 1 gr. 60.

ROUEN.

51. Léopard. hEN — RICVS ; — REX. Même type.

℞. Léopard. SIT : NOME : DNI : BENEDICTV. Même type.
Poids 1 gr. 45. Ma collection a perdu 0 gr. 28.
      »   1 gr. 30. Ma collection a perdu 0 gr. 43. — Gravée pl. III.
Cabinet de France. Trois exemplaires. Publié par Poey d'Avant.

LE MANS.

52. Racine. hEN — RICVS (?) — REX.; Type ordinaire.

℞. Racine. SIT : NOME : DNI : BENEDICTV.; Type ordinaire.
Poids, 1 gr. 40. Ma collection. — A perdu 0 gr. 33. — Gravée pl. III.
La pièce est à fleur de coin, mais il en manque un morceau.
Cité par Poey d'Avant.

Cette pièce est antérieure au 17 juillet 1432, date à laquelle le
point placé avant la racine a été supprimé.

CHALONS.

53. Croissant. hEN — RICVS : — REX. Type ordinaire.

℞. Croissant. SIT : NOME : DNI : BENEDICTV. Type habituel.
Poids, 1 gr. 50. Ma collection. N'a perdu que 0 gr. 23. — Gravée
pl. III.
Cité par Poey d'Avant.

SAINT-QUENTIN.

54. Différent : l'étoile percée, ou molette. Cité par Poey d'Avant.

DIJON.

Il en a été frappé du 13 février 1426 au 24 mars suivant,
par Oudot Douay................................. 5,000
Du 28 mars 1434 au 29 août 1435, par Etienne Boursier 28,000
                                        Nombre total.... 35,000

55. Différent : le saint-suaire. Ma collection. Poids, 1 gr. 30. — Gravée pl. III. Cité par Poey d'Avant.

TROYES.

56. Différent : la rose. — Gravée pl. III. — Chez M. Van Peteghem. Cité par Poey d'Avant.

MACON.

57. Différent : le trèfle. Cité par Poey d'Avant.

AMIENS.

58. Différent : l'Agnus Dei. Cité par Poey d'Avant.

AUXERRE.

59. Différent : une croix de Malte (?). Cité par Poey d'Avant.

ATELIER INDÉTERMINÉ.

60. Différent : une croisette. Cité par Poey d'Avant.

Tresin.

Tresin, ou pièce de trois deniers tournois, à 3 d. de loi, et de 1.50 au marc (pesant 1,7336).

Créé par l'ordonnance royale du 4 juin 1423. L'exécutoire des généraux maîtres est daté du 22 juin 1423. Il est adressé aux gardes de la monnaie de Rouen, à qui les patrons sont envoyés ; ils feront mettre sur les fers un petit léopard au lieu de la couronne qui se trouve sur le patron. Le 22 juin, ordre au prévôt de Paris, de faire crier le taux du tresin à 3 d. ts. Guyot de Hannin, tailleur de la monnaie de Paris, est chargé de graver 13 paires de fers à monnayer les tresins. C'est Regnault Tumery qui les frappe. Il en émet les 26 et 28 juin 1423, 62,880.

61. Couronnelle. hENRI — CV — S : REX. Écus accolés de France et d'Angleterre, sous une couronne.

℟. Couronnelle. TVRONVS : TRIPLEX : FRANC. Croix longue, entre une fleur de lis et un léopard.

Cabinet de France. Pièce très-usée et défectueuse. Collection de
M. Gariel. Poids, 1 gr. 595. — Gravée pl. IV.

Poey d'Ayant (pl. LXVIII, fig. 10), n° 3,202).

Denier tournois.

Denier tournois, à 1 d. 12 gr. de loi, et de 225 au marc (pesant 1,1577).

Ordonné le 4 juin 1423. Déjà le 31 mai 1423 des lettres patentes
d'Henri VI constatent que par ses autres lettres il a ordonné de faire
ouvrer en ses monnaies des petits deniers tournois et des petites
mailles tournois. Le registre entre deux ais dit que ces monnaies furent
frappées du 4 juin 1423 jusqu'au 13 avril 1436, après Pâques. Le
ms. fr. 4533 ne cite pas le denier tournois parmi les monnaies
frappées du 4 juin 1423 au 13 avril 1436, mais il cite la maille tournois. L'exécutoire de l'ordonnance du 4 juin 1423, daté du 22 juin,
annonce aux gardes de Rouen l'arrivée des patrons des deniers
tournois avec ceux du tresin ; quant aux patrons de la maille tournois les généraux maîtres disent qu'ils en enverront les patrons « le
plus brief que faire se pourra ». Le 17 décembre 1423, il fut ordonné
par les généraux maîtres, pour les petites mailles tournois qui seront
faites à Rouen et à Saint-Lô, de placer un point sous le C de hEN-
RICVS et sous le C de CIVIS pour l'atelier de Rouen, et sous l'S de
hENRICVS et de CIVIS pour l'atelier de Saint-Lô. Le 28 mars 1423,
il est écrit aux gardes des monnaies de faire ouvrer par les maîtres
particuliers des petits tournois, mais de n'en laisser frapper par
mois plus de la valeur de 10 marcs d'argent. Le 26 octobre 1425,
ordre aux généraux maîtres de faire graver pour l'atelier du Mans
deux paires de fers à monnayer les deniers tournois. Ces fers sont
envoyés le 27 octobre 1425. Du 20 mars 1440 au 10 avril 1440, avant
Pâques, Étienne Marcel a frappé à Rouen 69,345 deniers ts.

ROUEN.

62. Léopard. HENRICVS ✠ REX. Dans le champ, une fleur de lis et
un léopard.

℞. Léopard. TVRONVS? FRANCIE. Croix pattée.

Poids, 0 gr. 85. Ma collection. A perdu 0 gr. 31. — Gravée pl. IV.

63. Léopard. hENRICUS ☉ REX. ℞. TVRONVS ☉ FRANCIE. Mêmes
types.

Poids, 0 gr. 90. Ma collection. A perdu 0 gr. 26.
Cité par Poey d'Avant.

SAINT-LO.

64. Fleur de lis. **hENRICVS ⊙ REX. ℟. Fleur de lis. TVRONVS ⊙ FRANCIE.**
Poids, 0 gr. 95. Ma collection. A perdu 0 gr. 21.

65. Mêmes types, sauf que les mots des légendes sont séparés par des molettes. Poids, 0 gr. 85. Ma collection. A perdu 0 gr. 31.
— Gravée pl. IV.

DIJON.

Il en a été frappé du 5 septembre 1426 au 16 novembre, par
Andriet Viart.................................... 63,000
Le 23 octobre 1427, par Jehan de Lucenay........... 6,750
                              Nombre total...... 69,750

66. Saint-suaire. ⊙ entre les mots.
Poids, 0 gr. 95. Ma collection. A perdu 0 gr. 21.
— 1 gr. 10. — 0 gr. 06.
Cabinet de France.

CHALONS-SUR-MARNE.

67. Croissant. ⊙ entre les mots.
Poids, 0 gr. 80. — Gravée pl. IV.
Chez M. Van Peteghem.

LE MANS.

68. Racine. ⊙ entre les mots.
Poids, 0 gr. 90. Ma collection. A perdu 0 gr. 26.

TROYES.

69. Rose. ⊙ entre les mots.
Poids, 0 gr. 95. Ma collection. A perdu 0 gr. 21. — Gravée pl. IV.
Cabinet de France. — Delombardy classe à tort ce denier tournois à Dijon (n° 150).

AUXERRE.

70. Fer de moulin. ⊙ ? entre les mots.
Cité par Poey d'Avant.

?

71. Croix de Malte; cité par Poey d'Avant.

?

72. Croisette; cité par Poey d'Avant.

Maille tournois.

Maille tournois, à 1 d. de loi et de 300 au marc (pesant 0 gr. 8668).
(Voir les détails relatifs à cette monnaie, parmi ceux qui concernent le denier tournois.)

ROUEN.

73. **hENRICVS·REX**. Croix pattée au-dessus d'un léopard; la tête de la croix entrant dans la légende. Point sous le **C** de **hENRICVS**.

℞. **OBOLVS·CIVIS**. Même croix au-dessus d'une fleur de lis. Point sous le **C** de **CIVIS**.

Poids, 0 gr. 50. Ma collection. A perdu 0 gr. 36. — Gravée pl. IV.
Poey d'Avant. — Delombardy (n° 151) classe à tort cette obole à Mâcon.

SAINT-LO.

74. Mêmes types. Point sous l'**S** de **HENRICVS** et de **CIVIS**.
Cabinet de France.

Denier tournois.

Denier tournois, à 1 d. 8 gr. de loi et de 231 au marc (pesant 1 gr. 1257).

Émis à Rouen par Pierre de Preaulx, les 22 juin et 9 décembre 1447, au nombre de 85,840. — Leur différence est un point creux entre les mots des deux côtés.

Ce denier m'est inconnu: le renseignement qui précède est tiré d'un registre de la Monnaie de Rouen, déposé aujourd'hui aux Archives nationales (Z, 1383, carton Z, 1ᴮ, 963-67).

———————

Denier tournois, à 1 d. 6 gr. de loi et de 225 au marc (pesant 1 gr. 1577).

Emis à Rouen par Pierre de Preaulx, le 16 janvier 1447, au nombre de 97,200. — Leur différence est une molette entre les mots des deux légendes.

Ce denier m'est inconnu ; le renseignement qui le concerne est puisé à la même source que le précédent.

Angelots.

Angelots d'or fin et de 105 au marc (pesant 2 gr. 4766).

Ordonnés le 24 mai 1427. Pierre Fromont, maître particulier de la monnaie de Paris, en a distribué des piéforts aux généraux maîtres des monnaies. Le 14 février 1428, deux piles et quatre trousseaux à monnayer les angelots sont envoyés à Châlons. Du 23 janvier 1444 au 21 octobre 1445, Guillaume Le Musnier (Le Moûnier) en a frappé 600 à Rouen. Le 10 novembre 1446 il en a encore émis 100. Du 10 décembre 1446 au 9 décembre 1447, Pierre de Preaulx en a émis 2,100 à Rouen. Puis du 16 janvier 1447 au 16 janvier 1448, 1,400. Étienne Marcel n'a pas mis de différent de maître aux angelots frappés par lui. Guillaume Le Monnier y a mis un point clos sous les pénultièmes lettres des légendes (**A** de **IMPERAT** et **E** de **REX**). Pierre de Preaulx a mis un annelet pointé sous l'**A** d'**IMPERAT** et sous l'**E** de **REX**.

ROUEN.

75. Léopard. **hENRICVS : FRANCORV : ET : ANGLIE : REX.** Ange de face , les ailes éployées, et tenant les écus accolés de France et d'Angleterre.

℞. Léopard. **XPC : VINCIT : XPC : REGNAT : XPC : ImPE-RAT.** Croix longue entre une fleur de lis et un léopard.
Poids, 2 gr. 23. Ma collection. A perdu 0 gr. 23. — Gravée pl. **IV.**
Cabinet de France, 2 exemplaires.

PARIS.

76. Mêmes types, avec la couronnelle. — Gravée pl. **IV.**
Cabinet de France.

SAINT-LO.

77. Mêmes types, avec la fleur de lis. — Gravée pl. **IV.**
Poids, 2 grammes. Ma collection. Pièce un peu usée. Cabinet de France.

Le Cabinet de France possède un piéfort de bas argent, dont voici la description :

78. Léopard. ḫENRICVS : FRANCORV : ET : ANGLIE : REX. Type exact de l'angelot de Rouen décrit ci-dessus.

℞. Fleur de lis. FIAT • PAX • IꞂ • VIRTVTE • TVA • ET •. Croix simple au cœur évidé en quartefeuille avec point central; cette croix est cantonnée de quatre fleurs de lis couronnées, le tout dans un contour de huit arcs de cercle fleuronnés et accompagné de huit points placés dans les huit rentrants extérieurs.

Gravée pl, IV.

Nous sommes évidemment en présence d'un essai exécuté probablement à la Monnaie de Paris, au moment où il s'agissait de déterminer le type de l'angelot. Le droit appartenant à Rouen fut adopté, mais le revers taillé pour Saint-Lô fut sans doute rejeté, comme trop compliqué. En définitive, la pièce que je viens de décrire est une pure curiosité numismatique, et ne représente en aucune façon une monnaie ayant eu cours.

Ce piéfort, publié d'abord par Combrouse, l'a été de nouveau par M. Lecointre-Dupont (*Rev. num. fr.* 1846, pl. XIII, fig. ıı).

Denier parisis.

Denier parisis, à 1 d. 12 gr. de loi et de 180 au marc (pesant 1 gr. 4446). Sur le pied de monnaie 30°.

Ordonné pour Paris le 31 mai 1423. Par ordonnance du 6 septembre 1423 adressée au prévôt de Paris, le tresin est mis à 2 deniers parisis. Le 8 février 1426 furent émis à Amiens 34,560 deniers parisis, frappés par Jehan de Fontenay, pour lequel Pierre de Landes tenait le compte de la monnaie. Le 31 mai 1424, ordre de frapper de nouveau des deniers parisis, sur le pied de monnaie 30°. Le manuscrit français 5524 (126 r°) mentionne cette fabrication, et la figure qui accompagne cette mention est celle du parisis sur lequel le mot HERI, recouvert par une grande couronne, est placé au-dessus d'une fleur de lis et d'un léopard. Le bail de fabrication de ces parisis est du 5 juin 1424, et passé au nom d'Arnoulet Rame, maître particulier de la monnaie de Paris. Les 5 et 7 juin 1424 et le 7 septembre 1424, les gardes Jehan Gente et Gerard de Vauboulon délivrent au maître 90,840 parisis frappés sous sa direction. Le 6 septembre 1424, Guyot de Hannin, tailleur de la

monnaie de Paris, avait livré trois paires de fers à monnayer les
parisis noirs. Le samedi 9 septembre, il lui fut rendu treize paires
de fers pour parisis, dont la fabrication devait cesser. La livre de
gros de ces parisis pesait 1 marc 2 onces 13 estellins et 1/3. Arnoulet Rame émit encore, les 5 et 7 janvier 1424, 123 livres de gros
de parisis noirs, soit 29,212 pièces. Le 12 novembre 1426, des parisis
sont frappés de nouveau, suivant le manuscrit français 5524 (128 r°).
La figure donnée est celle du parisis où le mot HERI se trouve seul
sous la couronne. Le 30 décembre 1426, nouveau bail pour la fabrication des parisis, passé à Jehan de Fontenay, maître particulier, pour
lequel Pierre de Landes a tenu le compte de la monnaie. Ce bail
porte que lesdits parisis sont aux armes de France et d'Angleterre.
Du 30 décembre 1426 au 13 janvier suivant, il en a été émis 9,511
livres de gros, représentant 596,362 pièces frappées. L'ordre des généraux maîtres de frapper ces parisis est daté du 31 décembre 1426.
Il y est dit qu'ils seront « de la forme, poix et loy qui vous a esté
ordonné ». C'est donc une forme nouvelle.

PARIS.

79. **FRACORV · ꝣ · AGL · REX.** Dans le champ, **hЄRI** sous une
grande couronne.

℞. Couronnelle. **PARISIVS ∘ CIVIS.** Croix fleurdelisée.

Poids, 1 gr. 20. Ma collection. A perdu 0 gr. 24. — Gravée pl. IV.
Ce denier parisis est antérieur au 30 décembre 1426.

80. **FRACORV · ꝣ · AGL · REX.** — **hЄRI** sous une grande couronne;
au-dessous du nom une fleur de lis et un léopard.

℞. Couronnelle. **PA—RISI—VS ∘ C—IVIS.** Croix fleurdelisée
recoupant la légende.

Parisis du 30 décembre 1426.

Poids, 1 gr. 20. Ma collection. A perdu 0 gr. 24. — Gravée pl. IV.

AMIENS.

Je n'ai jamais rencontré le denier parisis frappé à Amiens, et
délivré le 8 février 1426.

FIN.

APPENDICE

J'ai pensé devoir faire suivre ce travail d'un appendice contenant la liste des officiers des monnaies pendant la domination anglaise.

SOUS HENRI V. (EN NORMANDIE.)

ROUEN.

Gardes.

25 septembre 1419.   Jehan Bourdon et Robin de Boismare.

Contre-garde.

25 septembre 1419.   Guillaume Vimbert.

Maîtres particuliers.

25 septembre 1419.   Jacques Chinant.
16 juin 1420.   Jehan Le Roux, nommé pour un an.
26 décembre 1421 au 10 janvier 1422. } Jehan Marcel.

SAINT-LÔ.

Garde.

12 avril 1420.   Colin Boutebost.

Maîtres particuliers.

12 avril 1420.	Jehan Marceur (Marcœur?), pour un an.
16 mai 1420.	La monnaie est mise en régie et dirigée par Jehan Le Roux.
6 mai 1420.	Jehan Marcel met la monnaie à prix, au nom d'Etienne Marcel, son frère.
16 juin 1420.	Jehan Marcel.

Tailleur des coins.

12 avril 1420.	Jehan de Chou.

Essayeur.

12 avril 1420.	Pierre Pelagin.

Généraux maîtres des monnaies en Normandie.

Le 20 août 1420.	Guillaume Vimbert, dit Pinquecongne.
Le 20 août 1420.	Jehan Le Goupil.

SOUS HENRI VI

Généraux maîtres des monnaies.

En septembre 1422.	Jehan Trotet, Macé de Valenciennes, Robin Gaultier.
Mars 1422.	Les mêmes, plus Jehan Le Goupil.
22 mai 1424.	Jehan Orlant, Thomas Orlant.
Mai 1430.	Jehan Trotet, Robert Gaultier.
Mai et décembre 1432.	Les mêmes, avec Thomas Orlant.
Février 1432.	Jehan Le Goupil, Remon Mausaut.
1434-1438.	Les mêmes.
Le 1er octobre 1444.	Etienne Marcel.

PARIS.

Gardes.

Février 1422.	Gerard de Vauboulon, Jehan Gente.

4 octobre 1421.	Jacquin Langlois et Pierre Remon, commis à l'office de garde.
13 mars 1423.	Gerard de Vauboulon et Jehan Gente, remis en possession.
Juin 1425.	Jehan Gente.
Août 1427.	Jehan Gente.
Décembre 1429.	Gerard de Vauboulon, Jehan Gente.
5 juillet 1430.	Guyon Laillier, commis à l'office de Gerard de Vauboulon qui est emprisonné, prête serment.
17 juillet 1430.	Gerard de Vauboulon est remis en possession de son office.
2 septembre 1434.	Guyon Laillier et Nicolas Berthe, commis à la place de Gerard de Vauboulon et de Jehan Gente.

Contre-gardes.

5 juin 1424.	Pierre Mandole, pour la monnaie d'argent.
2 juin 1425.	Jacquin Langlois, pour la monnaie d'or.
10 avril 1426.	Jehan Gente, commis à la place de Pierre Mandole qui n'exerce pas bien son office.
6 novembre 1426.	Robert Le Cordier remplace Pierre Mandole.
4 septembre 1427.	Jehan Gente est commis à la place de Robert Le Cordier.
Le 7 octobre 1427.	Robert Le Cordier est réinstallé.
6 septembre 1430.	Jacques Langlois, pour la monnaie d'or.
Le 17 octobre 1430.	Pierre Mandole est nommé de nouveau contre-garde pour la monnaie d'argent.
Le 21 mars 1430.	Pierre Mandole est mis en prison. (Il est élargi le 11 avril 1431.)
Août 1432.	Jacques Langlois, pour la monnaie d'or.

Maîtres particuliers.

Février 1422.	Regnault Tumery (ou Thomery).
4 octobre 1423.	Pierre de Landes, commis à la maîtrise, a remplacé Regnault Tumery, emprisonné.
14 décembre 1423.	La monnaie d'or de Paris est adjugée à Arnoulet Rame.
6 mai 1424.	Francorin Sac, adjudicataire de la monnaie d'or, et Jehan de Fon enay, de la monnaie d'argent.
5 juin 1424.	Arnoulet Rame est chargé de la fabrication des deniers parisis.

26 décembre 1424.	Arnoulet Rame est dit : naguère maître particulier.
Le 5 janvier 1424.	Bail pour les Parisis, passé à Arnoulet Rame.
21 février 1424.	Gaulcher Vivien tient le compte de la monnaie.
24 février 1424.	Pierre de Landes met la monnaie à prix, pour Jehan de Fontenay.
2 mai 1425.	Pierre de Landes est maître particulier.
22 mars 1425.	Regnault Tumery est chargé jusqu'à nouvel ordre de la monnaie d'or.
10 avril 1426.	Pierre Fromont est adjudicataire de la monnaie d'or, et Jehan de Fontenay de la monnaie d'argent. Regnault Tumery gère pour Pierre Fromont.
30 décembre 1426.	Pierre de Landes tient le compte de la monnaie pour Jehan de Fontenay. Un bail de deniers parisis lui est passé.
9 janvier 1426.	Remon Marc et Arnoulet Rame sont maîtres particuliers pour la monnaie d'argent.
1427.	Germain et Jacques Vivien, frères.
28 avril 1427.	Regnault Tumery, jusqu'au 1er juillet suivant.
24 mai 1427.	Pierre Fromont.
7 octobre 1427.	Remon Marc, pour la monnaie d'argent. Son année de bail finit le 19 janvier 1427.
Décembre 1427.	Gaulcher Vivien nommé pour la monnaie d'argent. Son mois de bail finit le 1er mars 1427.
1428.	Regnault Tumery tient le compte de la monnaie d'or. Son mois de bail finit le 13 août 1428. Il demande huit jours de plus.
26 juillet 1428.	Remon Marc est dit : naguère maître particulier pour la monnaie d'argent.
25 février 1428.	Philipot Courtois est nommé pour un an maître particulier pour la monnaie d'argent.
16 août 1429.	Regnault Tumery est prolongé jusqu'à nouvel ordre.
10 mai 1430.	Pierre de Landes, naguère tenant le compte de la monnaie, est autorisé à frapper, en régie, des petits blancs avec l'argent qui lui est resté de son brassage.
16 octobre 1431.	Gaulcher Vivien est dit : naguère maître particulier de la monnaie d'or et d'argent.
16 novembre 1431.	Regnault Tumery.
Août 1432.	Regnault Tumery tient le compte de la monnaie.
16 octobre 1432.	Le même met à prix la monnaie d'or et d'argent.
28 novembre 1432.	Il en devient adjudicataire.

22 mars 1433.   Regnault Tumery.

18 janvier 1434.   Gerard Coletier, pour lequel Andriet Marcel tient le compte de la monnaie.

19 février 1434.   Gaulcher Vivien, au nom de Jehan Carlier, est nommé pour un an.

Tailleurs.

Mai 1423.   Guyot de Hannin.

2 mai 1425.
24 avril 1426.   } Le même. — Il ne vit plus en 1428.

Janvier 1425.   Jehan Blancpain. — 1426.

20 septembre
et 17 décembre 1428.   Joufroy L'Orfévre.

2 septembre 1434.   Jehan Blancpain.

Essayeurs.

4 novembre 1423.   Macé de Valenciennes est commis à la place de Miles de Laigny.

2 juin 1427.   Thierry Noy.

ROUEN

Gardes.

1438.   Jacques Le Lieur, et Godin du Réaume.

Le 6 août 1438.   Godin du Réaume meurt.

8 août 1438.   Guillaume Ango remplace Godin du Réaume.

1442.   Guillaume Ango et Jacob Bernardin.

19 novembre 1444.   Les mêmes.

Contre-gardes.

1438.   Jaquet Goule.

Le 8 septembre 1438.   Jaquet Goule meurt.

Le 9 septembre 1438.   Guillaume de Broières le remplace.

19 novembre 1444.   Le même.

Maîtres particuliers.

22 mars 1422.   Jehan Marcel, naguère maître particulier.

5 juillet 1423
au 4 novembre.   } Robin Lambert.

1424.	Georget Boquet, pour un an.
10 av. 1426, ap. Pâques.	Thevenin Marcel, pour un an.
1427 —	Id.
1428 —	Id.
1429 —	Id., avec Jehan Marcel, son frère.
1430 —	Thevenin Marcel, pour un an.
1431 —	Id.
1432 —	Id.
1434 —	Id.
6 avril 1435, av. Pâques, au 25 mai 1442.	Etienne (ou Thevenin) Marcel, en régie.
1er octobre 1444.	Etienne Marcel est nommé général maître.
21 octobre 1444 au 19 novemb. suivant.	Jaquet de Bresmes.
19 novembre 1444.	Guillaume Le Musnier (ou Le Monnier), adjudicataire.
30 octobre 1445 au 27 septembre.	Guillaume Le Monnier et Thomassin Erquanbourc (ou Erquanbout).
27 septembre 1445 au 20 octobre 1446.	Guillaume Le Monnier, seul.
10 décembre 1446 au 16 janvier 1448.	Pierre de Preaulx.

Tailleur.

19 novembre 1444.	Geffinet Corel.

SAINT-LÔ.

Gardes.

1427.	Colin Verrot et Guillaume Boutebost.

Maîtres particuliers.

26 mai 1422 au 26 octobre.	Pierre de Cormeilles et Jehan Marcel, naguère maîtres particuliers.
Le 27 avril 1423.	Jehan Ferry, nommé pour un an, est mis à l'amende.
1425.	Jehan de Caumont, pour un an.
1426.	Jehan Marcel et Jehan de Caumont, pour un an.
1427.	Jehan de Caumont, nommé pour un an par les gardes.
1428.	Jehan Ferry, pour un an.

6 avril 1430.	Jehan de Caumont, pour un an.
1431.	Id.
1432.	Id.

ARRAS.

Gardes.

12 octobre 1423.	Martin Marengue.
2 septembre 1424.	Robert Auvert et Martin Marengue, mis à l'amende.

Maîtres particuliers.

6 juin 1423.	Guillaume Le Moinne (*sic*).
2 mai 1424.	Guillaume Le Moyne (*sic*).
2 septembre 1424.	Charles Le Mercier, naguère tenant le compte de la monnaie.
Le 24 mai 1425.	Robin Bachelier prend la monnaie pour un an, au nom de Robin Martin.
29 avril 1426.	Robin Bachelier, pour un an.

Tailleur.

24 mai 1425.	Jehan Blancpain, passé à la monnaie de Paris en décembre 1426.

Essayeur.

Le 26 mai 1426.	Mahier Dacier est nommé, et prête serment le 21 août.

AMIENS.

Gardes.

6 octobre 1424.	Désiré Wattin.
26 mai 1426.	Jehan de Vaulx (ou de Vaux) et Huet de Lesmes (ou Lermes).
Avril 1432.	Jehan de Vaulx et Gilles de Bevrieux, remplaçant Huet de Lesmes, prêtent serment le 6 avril 1432.
1435.	Jehan de Vaulx.

Maîtres particuliers.

13 novembre 1423.	Casin du Pré est chargé de faire édifier la Monnaie.

7 avril 1423, av. Pâques, au 7 décembre 1424.	Felisot Bonnin, au nom de Guion Laillier ; Perrinet de Troyes tient le compte de la monnaie.
1426.	Jehan de Breban, naguère à Saint-Quentin, nommé pour un an.
20 juillet au 24 août 1426	Jehan de Breban.
11 septembre 1426.	Jehan de Fontenay, avec Pierre de Landes tenant le compte.
8 décembre 1426 au 13 janvier 1427.	Robin Clement, pour un an, au nom de son frère Jacques Clement.
14 septembre 1427 au 14 novembre 1428.	Jacquet Clement, avec Guillaume Ruissel tenant le compte.
16 décembre 1428 au 13 janvier.	Simonot Clement.
25 janvier 1428 au 13 février 1429.	Pierre Grumeau, pour un an.
Du 26 novembre 1428 au 9 décembre.	La monnaie avait été en régie, sous la direction de Guillaume Ruissel.
16 février 1428.	Pierre Grumeau, pour un an. Simonot Clement lui prend la monnaie par une enchère.
28 janvier 1429 au 28 janvier 1430.	Jehannin Grumeau, avec Pierre Grumeau tenant le compte.
1429.	Pierre Grumeau, pour un an ; il est dit naguère maître particulier le 27 mars 1430. Il est mis en prison le 17 juin 1431 et élargi le 26 juin.
1430.	Jacques Aux Cousteaux, pour un an.
4 février 1430 au 27 janvier 1431.	Guillaume Ruissel, pour un an.
Avril 1432.	Jacques Aux Cousteaux, nommé pour un an par les gardes.
27 janvier 1433 au 23 décembre 1434.	Id.
11 février 1434 au 17 novembre 1435.	Jehan Warnier, dit Hannotin, nommé pour un an par les gardes.

Tailleurs.

Septembre 1424.	Pierre de Menin.
21 janvier 1425.	Le même.
29 janvier 1434.	Pierre Morlet prête serment.

SAINT-QUENTIN.

Gardes.

24 octobre 1423.	Raoul Thorin.
15 février 1424.	Jehan Housse.
23 septembre 1426.	Drieu Grain.
1428.	Jehan Housse.

Maîtres particuliers.

17 juin 1423.	Jaquotin du Pré met pour un an la monnaie à prix.
12 juillet 1423.	Il prend possession de la monnaie.
1424.	Pierre Grumeau, pour un an.
15 février 1424.	Jehan de Breban tient le compte de la monnaie.
31 janvier 1425.	Pierre de Ravenel tient le compte de la monnaie.
1426.	Jehan de Breban tient le compte pour Gerard du Drac.
27 mai 1426.	Jehan de Breban est dit naguère tenant le compte.
1426.	Jehan Blondeau, adjudicataire pour un an.
23 septembre 1426.	Pierre Grumeau, naguère maître particulier.
Février 1426.	Jehan Blondeau.
19 août 1427.	Guillaume Ruissel tient le compte de la monnaie.
1428.	Jaquet Clement, pour un an.

Contre-gardes.

13 août 1425.	Pierre Poilet (ou Poillay), il est arrêté le 11 septembre 1425.
15 janvier 1426.	Il est mis en liberté.
23 septembre 1426.	Pierre Poillet (sic).

Tailleur.

| 29 janvier 1434. | Pierre Morlet prête serment. |

TROYES ET AUXERRE.

Gardes.

| Mai 1426. | Jehan Gobert et Jehan Bernier. |
| 9 décembre 1427. | Jehan Bernier et Aubert Charruel, à la place duquel Jehan Gobert est commis. |

28 mars 1428.	Aubert Charruel et Jehan Bernier.
15 décembre 1428.	Aubert Charruel.

Maîtres particuliers.

12 mai 1420.	Jehan Ravier, qui a tenu le compte de la monnaie d'Auxerre, ne vit plus.
11 juillet 1425.	Gervaiset Laillier prend pour un an, au nom de Sylvestre Le Cheriat, les deux monnaies de Troyes et d'Auxerre.
22 décembre 1425.	Mention de feu Colart du Pont, maître particulier de la monnaie d'Auxerre.
1426.	Sylvestre Le Cheriat.
18 septembre 1426.	Colin de Chousses, adjudicataire de la monnaie d'Auxerre, pour un an.
28 février 1426.	Thevenin Boursier nommé à Auxerre, pour un an.
27 mars 1426.	Th. Boursier, qui a été emprisonné, est élargi, mais assigné avec les gardes, à jour fixé, pour répondre de fautes commises dans deux boîtes finissant l'une le 2 septembre 1426 et l'autre le 13 février 1427.
1427.	Huguenin Le Muet, nommé pour trois ans, à Troyes.
9 décembre 1427.	Sylvestre et Germain Le Cheriat, associés à Pierre Bonome.
24 mars 1428.	Thevenin Boursier, est commis à tenir le compte de la monnaie d'Auxerre, pour un an.
1428.	Après Thevenin Boursier, Jehan Mauduit est maître particulier à Auxerre, pour un an.
15 décembre 1428.	Guion Laillier, japieça maître particulier à Auxerre (c'est-à-dire, il y a longtemps).
1429.	Thevenin Boursier.
18 juillet 1429.	Mention de Sevestre Le Cheriat, naguère maître particulier de la monnaie d'Auxerre.

Essayeurs.

12 mai 1420.	Jehan de Gournay prête serment de nouveau.
9 décembre 1427.	Jaquenôt de Pommier.

LE MANS.

Contre-garde.

15 juin 1431.	Thomas de Hères, le jeune.

Maîtres particuliers.

Novembre 1425.	Jehan Morin, pour un an.
1426.	Lucas Morin, frère de Jehan, adjudicataire pour un an.
1427.	Le même, nommé pour un an par les gardes.
1428.	La monnaie est mise en régie, sous la direction de Guillemot de Montdelif.
Mai 1428.	Lucas Morin.
12 juillet 1428.	Lucas Morin.
24 juillet 1428.	Lucas Morin, ayant été pillé, demande à être déchargé de son bail.
1429.	Regnault du Moncel, nommé pour trois ans.
15 juin 1431.	Andriet Marcel, tient le compte de la monnaie.
Octobre 1432.	Andry Marcel, naguère maître particulier, est renommé pour trois ans.
4 février 1432.	Loys Bruneau est commis à la maîtrise.

CHALONS-SUR-MARNE.

Gardes.

27 avril 1423.	Jehan Ravier.
8 juin 1424.	Jehan Ravier est en prison.
Octobre 1424.	Geufroy de Licheu (Lixieux) est mis à l'amende; il est dit : naguère garde de la monnaie de Châlons.
Juin 1425.	Jehan Ravier et Guillaume Ferest.
3 octobre 1425.	Jehan de La Porte.
5 avril 1426, après Pâques.	Jehan Ravier et Cardin Sauvage.
Octobre 1426.	Geufroy de Licheu.
19 octobre 1428.	Jehan Ravier.
14 février 1428.	Colinet de Paris, commis à l'office de garde, à la place de Jehan Ravier.

Maîtres particuliers.

27 avril 1423.	Jehan Ravier est commis à la maîtrise, jusqu'à la nomination d'un maître particulier.
Septembre 1423.	Pierre Guef. Il était en prison le 28 mai 1423. Il est en fonctions le 1er juillet 1423.
29 octobre 1423.	Adam Ranier? (ou Renier) et Estienne Laillier

	s'opposent à la mise en possession de Jaquotin du Pré, adjudicataire de la monnaie.
Juin 1425.	Estienne Laillier, naguère maître particulier. Le 31 mars 1425, il livre de l'argent en cendrée à Jehan Brisset.
5 avril 1426, après Pâques.	Jehan Brisset tient le compte de la monnaie.
1426.	Jehan de Sepsaux est adjudicataire de la monnaie pour un an.
3 septembre 1427.	Jehan Brisset tient le compte de la monnaie.
1428.	Le même tient le compte de la monnaie pour Jehan de Sepsaux (*alias* Sepoix).
14 février 1428.	Jehan Ravier, garde de la monnaie, est commis à la maîtrise à la place de Jehan Brisset, coupable de négligence.
1429.	Pierre de Cavoret, pour un an.

MACON.

Gardes.

Février 1424.	Estienne Peronin et Guillaume Revendeur.
11 décembre 1426.	Les mêmes.

Maîtres particuliers.

1425.	Aymé Penet, nommé pour un an par les gardes.
1426.	Annet Karl, nommé pour un an par les gardes.

NEVERS.

Garde.

27 juin 1424.	Guillaume Gouveau (Griveau).

Maîtres particuliers.

1425.	Hugues de Pognes, pour un an.
29 octobre 1425.	Colin du Pont.
1426.	Hugues de Pognes, commis pour un an par les gardes.
1427.	Pierre Molet, pour un an.

DIJON.

Général maître des monnaies.

1422-1429. Jehan de Plainne.

Maîtres particuliers.

1er mars 1422 au 28 septembre 1423.	Pierre et Humbert Viart, ayant pour commis Perrenot Teinturier.
4 août 1424 au 19 juin 1426.	Andriet de Wailly, commis à la maîtrise.
3 septembre 1426 au 24 janvier suivant.	Andriet Viart, commis à la maîtrise.
18 février 1426 au 24 mars suivant.	Oudot Douay (ou Douhay).
5 avril 1426, av. Pâques, au 17 mai 1427.	Amiot Clerembault, commis à la maîtrise.
20 mai 1427 au 30 sept. suivant.	Philippe de Lucenay (al. Luxenay) ne vit plus en octobre 1427.
10 au 21 juillet 1427.	Andriet de Wailly, commis à la maîtrise.
23 octobre 1427.	Jehan de Lucenay, fils de feu Philippe.
11 février 1428 au 29 octobre 1432.	Odot Douhay, commis à la maîtrise par bail du 22 janvier 1428. Maître titulaire au 18 juin 1429.
16 juin 1433 au 11 juin 1434.	Jehan de Cuiseaul (al. de Cuseau), commis jusqu'au 6 janvier 1433, jour où il est nommé maître particulier.
26 juin 1434 au 13 mars 1435.	Etienne Boursier.

Gardes.

1422-1426-1428-1433. Gerart Mariot et Amiot Clerembault.

Contre-garde.

1422-1426-1428-1433. Aubry le Vicaire, nommé le 9 juillet 1422.

Tailleurs.

1422. Andriet de Wailly (al. Veely, Vailly).
1428-1433. Perrenot Loyat (ou Louyat).

Les patrons des monnaies anglo-françaises ont été façonnés par Jehan Dast, orfévre de Dijon.

FIN DE L'APPENDICE.

NOTE DE L'ÉDITEUR

Il pourrait paraître étrange aux lecteurs que l'auteur ne mentionne pas le Cavalier d'or ou Franc à cheval publié parmi les monnaies anglo-françaises, par Leblanc, dans son beau *Traité historique des Monnoyes de France*.

Cette pièce, que personne n'a jamais vue en nature, n'est connue que par l'empreinte qui accompagne le manuscrit de Haultin, à la bibliothèque de Paris; elle a été depuis copiée et publiée par Combrouse, Berry et Poey d'Avant.

M. de Saulcy, ne travaillant que d'après des documents originaux et des pièces en nature, devait passer celle-ci sous silence.

Poey d'Avant a publié aussi sous le n° 11 de la pl. LXVIII un double tournois qu'il donne à Henri VI ; cette pièce doit être restituée à Henri de Bourbon, évêque de Verdun (1312-1350).

C. Van Peteghem.

NOMS

DES

LOCALITÉS CITÉES DANS CE LIVRE

TABLE DES MATIÈRES

Paris. — Typ. Pillet et Dumoulin, 5, rue des Grands-Augustins.

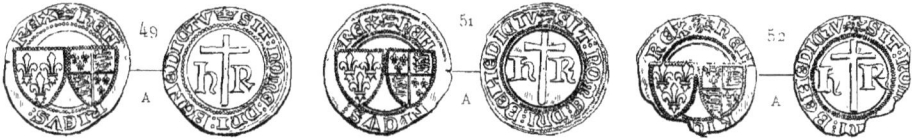

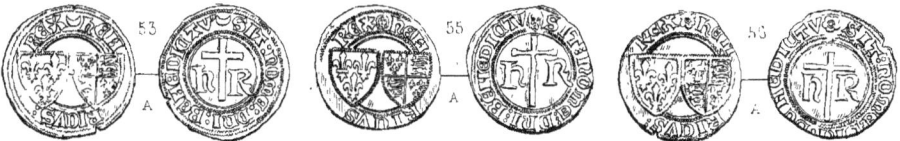

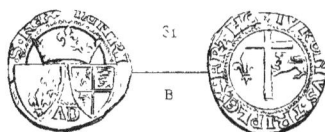

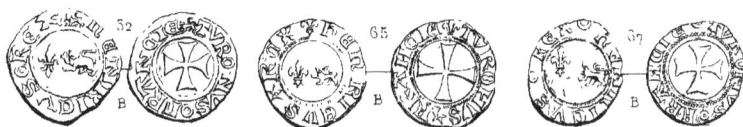

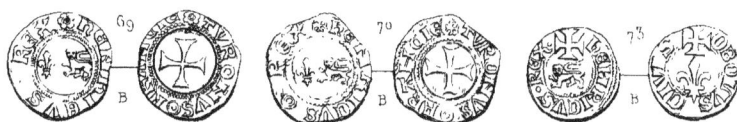

LIBRAIRIE NUMISMATIQUE DE C.-L. VAN PETEGHEM

Histoire numismatique du règne de François Ier, roi de France, par F. DE SAULCY. Paris, 1876. — 1 vol. in-4° orné des figures de toutes les espèces de monnaies émises sous ce règne. Broché. . . . . 20 fr.

— Le même ouvrage relié, dos maroquin, non rogné. . . . . 23 fr.

Éléments de l'histoire des ateliers monétaires du royaume de France, depuis Philippe-Auguste jusqu'à François Ier inclusivement, par F. DE SAULCY. Paris, 1877, in-4°. . . . . . . 8 fr.

— Le même ouvrage relié, dos maroquin, non rogné. . . . . 11 fr.

Encyclopédie monétaire ou Traité des monnaies d'or et d'argent en circulation chez les divers peuples du monde, avec un examen complet du titre, du poids, de l'origine et de la valeur intrinsèque des pièces, et leur reproduction par des empreintes, par ALPHONSE BONNEVILLE. Paris, 1849-1851, 1 volume in-folio, avec 200 planches, donnant près de 20,000 figures. . 20 fr.

— Le même ouvrage relié, dos maroquin. . . . . 26 fr.

Catalogue des monnaies françaises, en vente à la librairie Numismatique de C. VAN PETEGHEM — 1 vol in-8°, planche. . . . . 2 fr.

Le Jeton historique des dix-sept provinces, par le docteur DUGNIOLLE. Bruxelles, 1876-1878. — 3 vol. in-8° ornés de planches, chaque volume se vend séparément. . . . . 16 fr. Le quatrième et dernier volume est sous presse.

Manuel de Numismatique ancienne, par HENNIN. Paris, 1872. — 2 volumes et un atlas de 70 planches. . . . . 15 fr.

Guide de l'acheteur de médailles romaines et byzantines ou Tableau du prix des médailles, par COHEN. Paris, 1876. . . . . 2 fr. 50

Production de l'or et de l'argent chez les anciens, et Hôtels monétaires des empires romain et byzantin, par SABATIER. Saint-Pétersbourg, 1850. — In-8°. . . . . 4 fr.

Numismatique ancienne, par J. BARTHÉLEMY. — 1 vol. et 1 atlas. Ouvrage élémentaire. 5 fr.

Numismatique du moyen âge et moderne, par J. BARTHÉLEMY. — 1 vol. et 1 atlas. Ouvrage élémentaire. . . . . 5 fr.

Traité élémentaire de numismatique générale, par J. LEFEBVRE. Abbeville, 1861. — 1 vol. in-8°. . . . . 2 fr. 50

Revue belge de Numismatique, ornée d'un grand nombre de planches et de vignettes. Abonnement à l'année courante. . . . . 15 fr.

Tableau des monnaies d'or et d'argent des principaux États du monde. — 1 vol. in-12 orné de 31 planches coloriées. . . . . 3 fr.

Paris.— Typ. PILLET et DUMOULIN, 5, r. des Gds-Augustins

www.ingramcontent.com/pod-product-compliance
Lightning Source LLC
Chambersburg PA
CBHW071809090426
42737CB00012B/2009